高素质农民培育机制创新研究

——基于广东的调研

王丽萍　张日新　著

中国农业出版社
北京

本书为全国教育科学规划课题"新型职业农民培养机制创新研究"（项目编号：BIA180215）的研究成果。

　　"农业是固国之本，生存之基"。改革开放四十年来，随着我国经济与社会的快速发展，城乡发展差距也愈来愈大，农村劳动力持续向外转移，不少农村出现务农劳动力老龄化和农业兼业化现象，"农民荒"和"谁来种地，如何种地"等影响农业发展的问题越来越突出。自 2012 年，中央首次将培育职业农民写入 1 号文件，明确提出培育职业农民的要求；2013 年，在中央农村工作会议上，强调以培育职业农民为重点，构建职业农民队伍；2014 年，中央 1 号文件提出加大对职业农民和新型农业经营主体的教育培训力度；2015 年，中央 1 号文件提出积极发展农业职业教育，大力培养职业农民；2016 年，中央 1 号文件提出加快培育职业农民，并做出详细解释；2017 年，农业部颁布了"十三五"全国职业农民培育发展规划。根据最新一次全国农业普查第 1 号文件数据显示，非规模农业经营户占农户经营户总数的 98%，意味着大量的农民仍然需要依靠小规模土地进行农业生产经营活动，才能应对市场变化以弥补家庭收入不足，小农户仍然是我国农业农村发展的根本。2018 年中央 1 号文件进一步提出，要统筹考虑培育新型农业经营主体和扶持小农，有针对性地采取措施将小农户生产纳入现代农业发展轨道。2018 年国家提出实施乡村振兴战略，乡村振兴农民是主体，但是农村缺人才、缺干部、缺能人问题严重，高素质农民队伍建设已被摆上了乡村振兴的重要议程，农民教育培训必须全面提质增效。2019 年农业农村部提出了实施高素质农民培育三年提质增效行动，农民教育培训工作要紧紧围绕促进产业兴旺目标任务，坚持面向产业、融入产业、服务产业，全面优化农业生产发展资金效益，就地培养和吸引提升并重，不断发展壮大适应现代农业需求的高素质农民队伍，因此农民教育培训进入了一个全新的历史时期：培训工作导向从注重数量向数量质量并重转变，培训工作重心从以培训者为中心转向关注被培训者的有效需求。2020年中央《国民经济和社会发展第十四个五年规划和二〇三五年远景目标》规划意见指出，要全面推进乡村振兴，加快农业农村现代化，加快培育农民合作社、家庭农场等新型农业经营主体，健全农业专业化社会化服务体系，发展多种形式适度规模经营，实现小农户和现代农业有机衔接。因此，探索如何把小农户培养成为理念新、眼界宽、懂管理、善经营的高素质农民，促进小农户融入现代农业发展，对推进我国农业农村现代化、全面实施乡村振兴战略发展至关重要。

通过实证分析小农户融入现代农业发展能力及影响因素、分析农民培训效能及影响因素、分析新农人培训需求，总结广东高素质农民培育机制创新探索，提出了进一步创新和完善高素质农民培育的对策建议。

得出以下几点结论，为培育高素质农民提供参考：

第一，中央提出要实现小农户发展与现代农业有机结合，就是要有针对性地采取措施将小农户生产纳入现代农业发展轨道。促进小农户衔接现代农业发展，关键是提升小农户融入现代农业发展的能力。课题组自编《小农户融入现代农业发展能力评价量表》，在广东省清远市进行入户访谈，获得有效问卷583份，经探索性因子分析与验证性因子分析，得到小农户融入现代农业发展能力评价模型，包括：经营管理意识、个人基础素质、现代农业素养、持续学习能力四个方面。通过对清远583份样本进行分析可知，显示当前小农户有一定的基础素质，但现代经营意识薄弱、持续学习能力较低。因此创新农民培育机制，把小农户培养成为理念新、眼界宽、懂管理、善经营的新型农业经营主体非常迫切。

第二，广东省于2013年开始推进高素质农民培育工作，短期专题培训是高素质农民培训最常见的模式，课题组设计了《高素质农民培训效能评价量表》，以广东四地高素质农民培训班学员为研究对象，获得有效样本411份，采用Amos 21.0对总体结构模型进行检验，构建了高素质农民培训效能评价结构模型，包括：影响因子层、即时效能层、持续效能层3个层次，内容匹配度、课堂质量、组织管理与服务、培训效果感知、持续影响力5个维度。经测评广东高素质农民培训效果、培训影响力较好，但课堂质量维度、培训内容匹配度得分值较低，显示配置的课程与学员的实际情况存在一定的差距。

第三，广东围绕培育有文化、懂技术、会经营、善管理的高素质农民，不断探索创新培训机制与方法，形成了通过"粤菜师傅、南粤家政、广东技工"三项工程的"精勤农民"培育模式，依托人才驿站大力进行"聚才、育才、服务"三位一体模式。各地市、高校都在积极进行乡村振兴人才培育的探索，形成了分类精准培育高素质农民及农业职业经理人的"梅州模式"，探索培养乡村新闻官的"清远模式"，探索培养乡村振兴高层次人才的"华农模式"。但农民培训和服务仍存在"最后一公里"障碍，村干部能力素质不能适应带领村民进行乡村建设的需求。

第四，通过抽样调查发现，对比普通农人，新农人对培训内容的需求以农产品电商和营销、农产品品牌建设与管理以及农业生产加工技术等专题为主，培训方式主要为"授课＋田间指导"或者现场教学，倾向于前往农业高校接受农业专家教授的培训，期望在培训过程中能够建立沟通渠道，增加师生间、学员间的互动交流，并实行导师制，为其提供持续指导和服务等。但目前的农民培训，是按专题招生，只要愿意都可参加，因此，部分能力较强的人反复参加各类培训，以满足自身需求。因此，要科学设置培训内容，创新培训方式，切实提升培训效果。

第五，传统种植模式已不能回答"谁来种地"的问题，农业正在朝着高度机械化、信息化、智慧化发展，从生产、营销、仓储、种植的科学引导和决策，进行全产业链管控；高素质农民，即包括出生于农村从事农业生产、经营、管理的农人，还包括愿意到农村从事农业生产、经营、管理的非农人；既有普通的掌握一般技能和知识的人才，更有掌握新技能和新知识的高层次综合人才。因此，要进一步完善与创新高素质农民培育机制，必须建立镇级人才驿站，深入实施现代农民培育计划，打通农民培训和服务"最后一公里"障碍；聚焦村干部素质能力短板弱项，创新培育机制，提升村干部素质能力，培养"乡村建设领头雁"；农业高校面向新农业、新乡村、新农民、新生态，创新人才培育机制，培养能够适应和引领未来发展需要的新型涉农综合人才。

CONTENTS **目 录**

前言

第1章 绪 论

1.1 研究背景与意义

1.1.1 研究的背景

近年来，在中国快速工业化和城市化进程中，大量的农村剩余劳动力转移到城市就业和生活，形成了大规模的进城农民工，新农业管理体制逐步完善，新兴的家庭农场主、农民合作社等经营主体不断壮大，成为引领现代农业发展的核心力量。根据第三次全国农业普查主要数据公报第 1 号文件显示，截至 2016 年末，全国共有 20 743 万农业经营户，其中，仅有 398 万规模农业经营户，非规模农业经营户占农户经营户总数的 98%，这意味着，大量的农民仍然需要依靠小规模土地进行农业生产经营活动，才能应对市场变化以弥补家庭收入不足。因此，在未来很长一段时间内，小农户仍然是我国农业农村发展的根本，小农户的长远发展事关全局。党的十九大报告提出："培育新型农业经营者，完善农业社会化服务体系，实现小农户发展与现代农业有机结合"；2018 年中央 1 号文件进一步提出："要统筹考虑培育新型农业经营主体和扶持小农，有针对性地采取措施将小农户生产纳入现代农业发展轨道"。2018 年国家提出实施乡村振兴战略，乡村振兴农民是主体，但是农村缺人才、缺干部、缺能人问题严重，高素质农民队伍建设已被摆上了乡村振兴的重要议程，农民教育培训必须全面提质增效。2019 年农业农村部提出了实施高素质农民培育三年提质增效行动，农民教育培训工作要紧紧围绕促进产业兴旺目标任务，坚持面向产业、融入产业、服务产业，全面优化农业生产发展资金效益，就地培养和吸引提升并重，不断发展壮大适应现代农业需求的高素质农民队伍，自此农民教育培训进入了一个全新的历史时期：培训工作导向从注重数量向数量质量并重转变，培训工作重心从以培训者为中心转向关注被培训者的有效需求。2020年中央《国民经济和社会发展第十四个五年规划和二〇三五年远景目标》规划意见进一步明确指出：要全面推进乡村振兴，加快农业农村现代化，加快培育农民合作社、家庭农场等新型农业经营主体，健全农业专业化社会化服务体系，发展多种形式适度规模经营，实现小农户和现代农业有机衔接。2021年印发了《关于加快推进乡村人才振兴的意见》，提出：到2025年，乡村振兴各领域人才规模不断壮大、素质稳步提升、结构持续优化，各类人才支持服务乡村格局基本形成，乡村人才初步满足实施乡村振兴战略基本需要。因此，探索如何把小农户培养成为理念新、眼界宽、懂管理、善经营的高素质农民，促进小农户融入现代农业发展；探索如何培养乡村振兴需要的人才，对推进我国农业农村现代化、全面实施乡村振兴战略发展至关重要。

1.1.2　研究的意义

（1）理论意义。近年来，小农户发展问题一直是我国广大农村工作者和学者的研究重点和难点，通过梳理已有研究成果可以发现，大部分学者聚焦农民培训方式，围绕小农户生产效率提高、小农户与现代农业衔接机制等方面开展研究，较少从小农户融入现代农业发展能力要求去探索。本书基于胜任力理论构建小农户融入现代农业发展能力的评价模型（包括：个人基础素质、现代经营意识、现代农业素养、持续学习能力），分析影响小农户融入现代农业发展能力提升的因素，探索小农户现代农业发展能力现状水平以及对绩效的影响，既是对胜任力模型在人力资源管理领域的延伸，也是对小农户研究的提升。

在农民培训效能评估方面，国外学者对培训评估的研究比较系统，Kirkpatrick的四层次模型（简称柯氏模型）是当前培训评估研究的重要基础，但柯氏模型并未提及与解释培训绩效的影响因素及其作用机制，在柯氏模式基础上所扩展得来的CIRO、CIPP等模型虽然涉及培训绩效，但过于聚焦评估培训过程，缺乏对培训综合效果评估的说服力。本书基于柯氏模型构建的农民培训效能评价模型，包含：影响因子层（内容匹配度、课堂质量、组织管理与服务)、即时效能层(培训效果感知)和持续效能层(持续影响力),3个层次5个变量,是对培训评估模型的完善。

习近平总书记指出"中国现代化离不开农业农村现代化,农业农村现代化关键在科技、在人才,涉农高校要培养更多知农爱农新型人才"。农业高校大学生是乡村人才振兴的排头兵,深入探索影响农业高校大学生涉农就业意愿的因素,消除大学生涉农就业障碍是解决乡村高层次人才匮乏问题的重要路径,然而现有研究较少关注到当前农村基层就业的具体环境和个体深层次心理动因对大学生就业意愿的影响。本书基于自我决定理论,聚焦农村基层就业环境,引入社会支持和就业能力作为农业高校大学生对农村就业环境的感知和就业意愿之间的调节变量,丰富了大学生农村基层就业行为的研究。

(2)实践意义。本书采用文献分析法、实证分析、案例分析相结合,在分析小农户融入现代发展能力、农民培训效能影响因素,总结广东高素质农民培育机制创新探索,调研新农人的培训需求特征、分析农业高校大学生涉农就业影响因素的基础上,提出:建立镇级人才驿站、深入实施现代农民培育计划;培育"乡村建设领头雁",加强村干部谋划村庄发展的战略规划能力、带领村民致富的能力、推进数字乡村建设能力的培养;推进农业学科与工科、理科、商科等双学科、多学科的深度融合,培养"农学+N"的多学位新型涉农综合人才,对培养乡村振兴各类人才具有现实指导意义。

1.2　研究思路与方法

1.2.1　研究的基本思路

当前我国农业生产和经营主体,小农户占98%,2018年中央提出:"要统筹考虑培育新型农业经营主体和扶持小农,有针对性地采取措施将小农户生产纳入现代农业发展轨道",因此,本书研究的基本思路如下:

一是调研小农户融入现代农业发展的能力现状,掌握当前农民素质能力的薄弱点,分析其影响因素。

二是建立农民培训效能的评价模型,分析高素质农民培训的效果及影响因素,为创新职业农民培训提供依据。

三是通过典型案例分析总结广东农民培育机制创新的探索,包括:梅州高素质农民的培育探索、梅州农业经理人的培育探索；通过"粤菜师傅、广东技工、南粤家政"三大工程培育高素质农民的探索；通过网院培育农民的探索，特色乡村带头人的培养探索，建立三级人才驿站聚焦人才和培育人才的探索；依托非全日制农业硕士培养高层次农业人才的探索。

四是调研新农人的培训需求特征、分析农业高校大学生涉农就业的意愿及影响因素，探讨农业高校输送乡村高层次人才的可行路径。

五是综合以上的分析提出基于乡村振兴的高素质农民培育机制的完善与创新。

1.2.2 研究方法与技术路线

本书采用理论与实证相结合、定性与定量相结合，通过文献梳理，设计调查问卷，分别以农业生产经营主体（小农户、农业大户、农场主、农业产业协会、农业专业合作社、农业企业）、职能部门、农业高校为对象进行抽样调研，采用 SSPS 进行数据整理和统计。

一方面通过实证分析小农户融入现代农业发展能力及影响因素、分析农民培训效能及影响因素、分析农业高校涉农就业意愿及影响因素等；另一方面采用案例分析法总结广东职业农民培育机制创新的探索、高层次农业人才培养的探索、通过人才驿站聚才育才的探索，综合分析提出完善创新农民培育机制的对策。主要研究内容与技术路线见图 1-1。

1.3 基本观点与可能的创新之处

1.3.1 基本观点

当前国家实施乡村振兴战略，农村是乡村振兴的主战场，小农户是乡村振兴的主体，提升小农户能力，培养有技术、有能力、有理想、懂农业、爱农业、爱农村的高素质农民是实施乡村振兴战略的关键所在。

（1）采用自编量表，2019 年底以清远为对象进行入户抽样调研，分析结果显示，小农户融入现代农业发展能力评价模型包括个人基础素质、现代经营意识、现代农业素养、持续学习能力；对清远小农户融入现代农业发展能力水平进行测评，结果显示：整体能力水平比较低，主要表现在自主学习

研究框架

研究分析方法 ← 研究内容 → 主要调研对象

小农户融入现代农业发展
能力及影响因素 → 清远小农户

理论与实证分析 →

农民培训效能及影响因素 →
小农户
农业大户
农场主
农业职业经理人
农业企业负责人

广东"三项工程"培育
高素质农民探索

梅州精准、分类培育职业
农民创新探索

理论与实证分析
案例分析 →

农民
培育
机制
创新
探索 →
梅州依托产业协会培育农
业职业经理人创新探索 →
村官
小农户
农业大户
农场主
专业合作社
产业协会
农业企业
农业院校
职能部门

乡村新闻官培养探索

人才驿站引才育才探索

高级农业人才培养探索

新农人培训需求
分析 →
小农户
农业大户
农场主
农业企业家
大学生
返乡人士

理论与实证分析 →

大学生涉农就业
影响因素 → 农业高校大学生

基于促进乡村振兴的高素质
农民培育机制的完善与创新

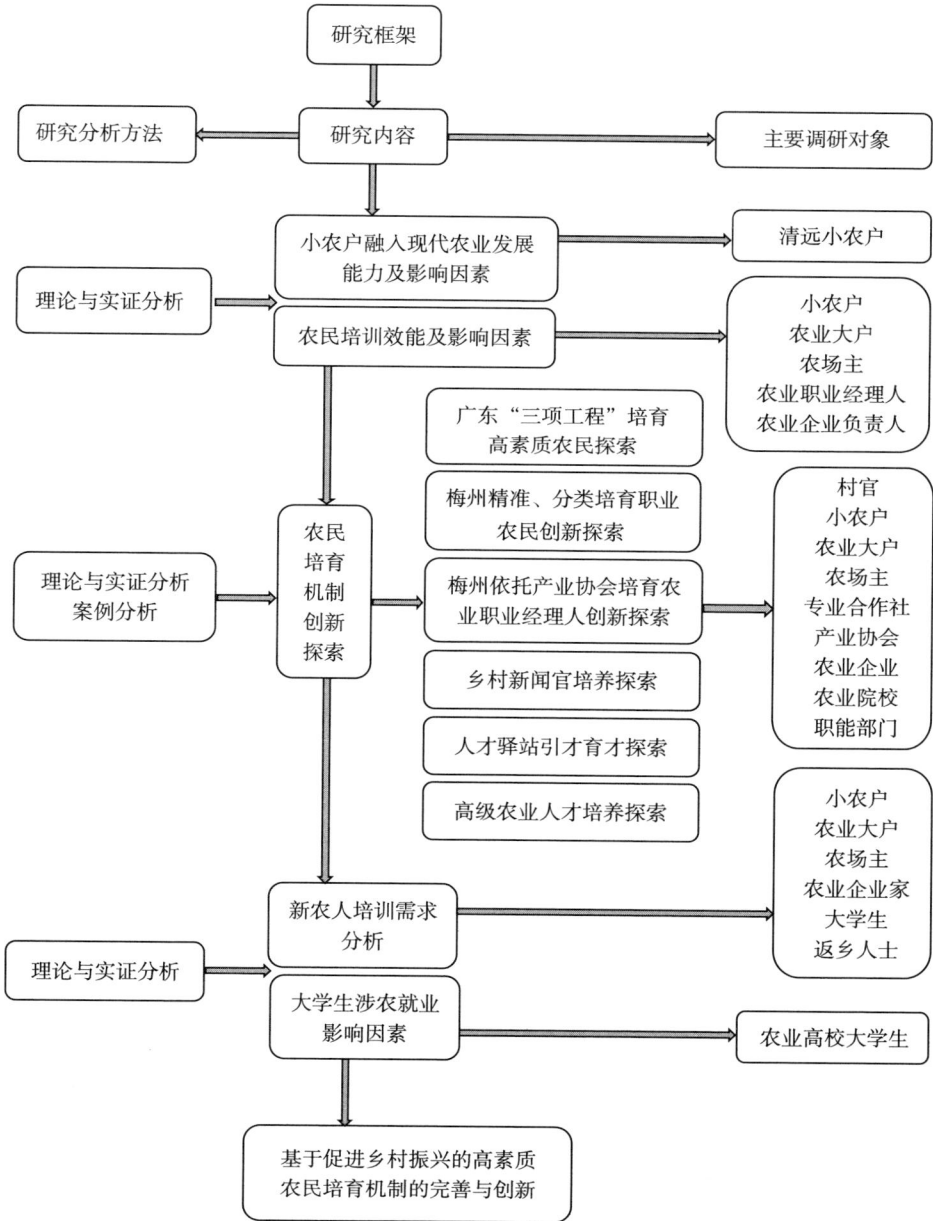

图 1-1　主要研究内容与技术路线图

意识不强、持续学习能力极低，进而影响现代经营管理意识和现代农业素养的提升。

（2）2013 年以来国家对农民进行了大规模的培训，必须对培训的效能和影响因素进行研究。采用自编量表，2019 年 1—6 月对广东高素质农民培训班进行抽样调研，分析结果显示：高素质农民培训效能的评价可以从影响效能的因子、培训效果感知、持续影响力三个层次进行评价；影响因子层包括：内容匹配度、课堂质量、组织与管理服务三个维度；内容匹配度与培训效果感知有较强的正向关联，而对持续影响力有一定的负向影响，培训内容的针对性、前沿性、与农民知识体系的互补性是体现内容匹配度的关键因素。

（3）实施乡村振兴，需要大量高层次人才，但在当前存在人才"下不去、留不住"的困局，为破解困局：

一是要建立镇级人才驿站，实行送教下乡，深入实施现代农民培育计划，依据小农户差异特征，分门别类开发对应的培训课程，创新培育方式，为"老农人""中坚农民""农业创业者""转移就业者""新生劳动力"提供精准培训。

二是要加强对村干部的培育，培育"乡村建设领头雁"。要紧扣全面推进乡村振兴、加强党建引领基层治理任务要求，聚焦村干部素质能力短板弱项，通过专题培训、学历提升、挂职锻炼提升村干部素质；对各村党组织书记，着重开展战略思想的强化、战略规划知识与理论的培训，提升破解难题能力、促进乡村改革发展能力。针对青年干部加强对数字乡村建设意识的强化，提升数字能力，掌握融媒体等新知识、新技术。

三是涉农高校要培养能够适应和引领未来发展需要的新型涉农综合人才的重任，即培养面向新农业、新乡村、新农民、新生态的综合型人才。涉农高校要充分发挥农业学科优势和教学科研基地条件优势，加强对非农专业学生涉农学科知识教育与实践，提高学生农业素养；改革农业高校课程教学机制，打破现有学科边界，破除专业壁垒，推进农业学科与工科、理科、商科等双学科或多学科的深度融合，培养"农学＋N"的多学位人才。

1.3.2 可能的创新点

乡村振兴，人才是关键，要培养高素质农民，乡村振兴带头人，培养适应农业农村现代化发展，服务新产业、新业态的综合型人才。主要的创新点体现在以下几方面：

（1）构建小农户融入现代农业发展能力的评价模型，分析影响小农户融入现代农业发展能力提升的因素。提出建立镇级人才驿站，实行送教下乡，深入实施现代农民培育计划，开发相应的培训课程，创新培育方式，为"老农人""中坚农民""农业创业者""转移就业者""新生劳动力"提供精准培训。

（2）分析乡村振兴视角下村干部的能力要求。新时期的村干部要懂"三农"，有较强的基层治理能力，还有谋划村庄发展的战略规划能力和带领村民致富的能力及推进数字乡村建设的能力。应当聚焦村干部短板弱项，通过专题培训、学历提升、挂职锻炼提升村干部素质；对各村党组织书记，要着重开展战略思想的强化、战略规划知识与理论的培训，提升破解难题能力、促进乡村改革发展能力。对青年干部要加强对数字乡村建设意识的强化，提升数字能力，掌握融媒体等新知识、新技术。

（3）农业高校肩负着培养能够适应和引领未来发展需要的新型涉农综合人才的重任，农业高校要全面贯彻党的教育方针，落实立德树人的根本任务。面向新农业、新乡村、新农民、新生态，创新人才培育机制，加强涉农高校大学耕读教育，改革农业高校课程教学机制，建立区域"新农科教育联盟"，推进农业学科与工科、理科、商科等双学科、多学科的深度融合，培养"农学＋N"的多学位新型涉农综合人才。

第 2 章　研究文献综述

2.1　相关概念界定

2.1.1　小农户

目前学术界对小农户的概念尚未达成共识，部分学者对小农户的定义和研究主要从小农生产的客体、小农生产的主体展开。从小农生产的客体角度来看，"小农生产方式是以土地和其他分散生产资料为基础，既不包括生产资料的积累，也不具备合作性质，具有封闭性强、结构松散、劳动生产率低等特点"（马克思、恩格斯，1972）。从小农生产的主体角度来看，小农作为一种特殊的经济类型，对农民经济行为具有一定的影响，这种影响主要来源于家庭规模和家庭结构的因素（恰亚诺夫，1996）。小农是理性的经济人，小农经济是"贫穷而有效率的"（舒尔茨，1999）。

国内学者根据小农的特点对其内涵进行界定，认为小农是一种农业微观主体，将其描述为人口多、土地少，以家庭为单位，具有生产与消费相结合的特质（张红宇，2017），是小规模土地的经营主体和土地所有者，或者自给自足者（刘运梓，2006）；或者以家庭为基础的生产组织，但不包括农产品加工销售等方面（苟建华，2007）。小农户具有以下特征：一是小农户以家庭为单位组织生产，主要依靠家庭内部劳动力，自给自足或半自给自足，以满足自己消费为主，产品剩余很少，小农户资源基础较弱，由不同类型的资产或资本构成，如人力、自然、社会等，资源非常有限；二是小农户兼业化明显，我国人均耕地不足，为农民提供的耕地十分有限，且我国正处于工业化高速发展时期，二、三产业的发展为农民外出谋生提供了外部条件，因此，小农户的收入结构发生了较大变化，农业生产收入占家庭总收入的比重显著下降（郭庆海，2018）；三是在农业传统文化的深远影响下，小农户只着眼于自己的小规模生产范围，视野狭隘，对未来发展趋势及新观念的接受度比较迟缓，风险厌恶程度高，承担风险能力弱（徐旭初、吴彬，2018）。

综上所述，小农户是指：以家庭为基本单位从事农业生产的小规模土地经营者，且农业生产经营活动具有自给性和市场性的双重属性（李霖、郭红东，2014）。

2.1.2　职业农民、新农人

（1）职业农民。2005 年农业部在《关于实施农村实用人才培养"百万中专生计划"的意见》中首次提出了"职业农民"的概念。职业农民与传统身份农民在选择权、流动程度、经营方式、规模化经营程度方面有明显的区别（付景远，2005），是集经营管理、生产示范、技术服务为一体的新一代农田管理者和经营者，具有独立性、自主性、开放性和创造性等特点（赵强社，2009）。职业农民能充分利用市场机制和规则来获取报酬，是实现利润最大化的理性经济人（曲建勋，2005），是随着国家工业化、城市化进程伴生的一种新型职业群体，也是农业内部分工、农民自身分化的必然结果，同时职业农民的内涵具有全职务农、高素质、高收入和能够获得社会尊重四大特质（周稽裘，2012）。因此，职业农民是国家工业化、城市化达到相当水平之后，以市场运作实现利润最大化为目的进行农业生产经营，并具有一定素质和技能的农民。

（2）新农人。关于新农人的研究一直在不断更新补充，但其内涵至今未达成统一共识，其概念与高素质农民类似但又有所区别。高素质农民作为一个动态发展的概念（朱启臻、胡方萌，2016），不少学者认为新农人是在高素质农民的基础上拓展演变而来（郭艳平、谭莹，2016；谢艳华，2019），是高素质农民的升级版（陈俊江、眭海霞，2017）。高素质农民区别于传统农民，指具备更高素质和现代农业生产经营专业知识和技能，将农业作为主要经济来源的现代农业工作者（王丽萍、曾祥龙和方婧，2019）。单从概念定义和内涵特征来看，新农人和高素质农民几乎没有区别，但由于新农人带有鲜明的自身特征及时代烙印，吸引不少学者对这一群体进行研究。

新农人概念界定有广义、狭义之分。广义上，清华大学新闻研究中心与新浪微博数据中心联合发布的《2014 新农人微博研究报告》中，将新农人定义为：区别于传统农民的生产流通方式、以全新的现代经营理念参与农林牧渔全产业链的自然人。杜志雄（2015）进一步指出新农人泛指那些农业全产业链上从事生态农业生产、产品营销或为生态农业生产与营销提供支持和服务的自然人和企业。显然，广义上的新农人涵盖了为农业提供宣传、推广、指导、咨询等服务的人或群体。狭义的新农人概念则聚焦于从事现代农业生产经营管理的人（农业部农村经济体制与经营管理司，2016）。张波和申鹏（2019）将新农人界定为具有生态农业理念、能运用互联网思维、以生产安全农产品为己任、视提高农业价值为目标的群体。谢艳华（2019）总结前人成果，给出了更为具体的定义，认为新农人是以互联网为载体、具有较强市场与信息思维、拥有较高的文化素养与开阔的视野并掌握着现代农业技术及现代农业管理能力的新兴群体。总体而言，新农人思维新、理念新、营销新、组织新、知识新，其对于农产品生产方式转变、三产融合、农业增收等方面具有重要意义（汪向东，2014；郑可等，2019）。

从新农人的群体特征和身份构成来看，大体上以年轻、学历高，且在城市居住和工作的人为主（黄建平，2017）。王文龙（2015）认为新农人群体包括工商资本的跨界经营、城市白领/毕业大学生的农村创业，以及青年农民返乡创业，其主体应该是到农村创业的城市白领和毕业大学生。农业部农村经济体制与经营管理司（2016）通过问卷调查、实地调查以及座谈情况发现，新农人普遍比较年轻、学历较高，多是在其他行业有了一定求学、工作阅历，或者创业经验和资金积累后，进入农业领域"再创业"，并将新农人分为大学生创业型、农民工返乡创业型和跨界创业型三类。牛耀红（2017）持有相同的观点，认为新农人指那些跨界进入农业的群体，注重利用科学技术，以团队合作进行农业生产和经营的群体，他们普遍具有较高文化水平，部分拥有研究生学历，部分新农人还从事过农业技术研发或管理。张波和申鹏（2019）系统地总结了新农人和高素质农民的区别之处，一是在意识方面，新农人具有了信息化思维，以市场为导向，高素质农民则是生产导向型；二是在身份属性方面，新农人是一个跨界的新崛起的农业生产经营群体，不再是农民，高素质农民虽然身份属性已经淡化，但仍然是农民；最后在职业流动方面，新农人的流动性更强；并认为尽管两者之间有着细微的差别，但将新农人视为高素质农民在生态文明时代的新表述应该没有太多疑问。概括而言，新农人的"新"在于"跨界"，指在农业领域之外的地方，积累了足够的知识技能（求学或工作），或者创业经验以及资本，转而进入农业领域发展的群体。高素质农民既包括出生于农村从事农业生产、经营、管理的农人，还包括愿意到农村从事农业生产、经营、管理的非农人（王丽萍、尹卿，2018），而新农人正是那一批自愿下乡返乡务农的非农人。

综合上述分析，新农人是指高素质农民的一类，是一批突出特色发展的高素质农民；具体指具有丰富的大城市求学、工作经历，或者在其他领域积累了足够的创业经验及资本，具备较高科学文化素质、格局视野和现代经营管理才能，跨界就业创业发展现代农业的群体，是推动我国农业现代化发展的核心力量。

2.1.3　新型农业经营主体

"新型农业经营主体"正式提出于 2012 年的中央农村工作会议，在此之前，早有学者研究"新型农业经营主体"的相关领域，只是尚未称之为新型农业经营主体。但迄今为止，新型农业经营主体的内涵尚未有统一而清晰的界定。新型农业经营主体的内涵关键在于"新型"之特殊含义。"新型"是相对传统自给自足、分散细碎的小农而言，新型农业经营主体是以农产品商品化生产为目标，经营规模相对较大、物质装备条件较好，经营管理能力较强，劳动生产率、资源利用率和土地产出率较高的农业经营组织（张照新、赵海，2013）。此外，"新型"不仅具有相对较大的经营规模，也具有相对传统农业更好地适应现代农业和市场经济的能力（郭庆海，2013）。也有学者认为"新型"更多可能体现在经营主体的融合性，是各类农业经营主体在合作过程中融合形成的融合性经营主体（万俊毅，2014），是能嵌入现代农业专业化、集约化产业链条的生产经营组织形式。2017 年中共中央办公厅、国务院办公厅印发《关于加快构建政策体系培育新型农业经营主体的意见》，提出以家庭农场和农民合作社两类农业经营主体发展为重点，实施家庭农场培育计划，深入开展农民合作社规范提升行动，围绕土地、资金、劳动、技术、产品，引导农业企业、家庭农场、农民合作社等主体融合发展，因此，新型农业经营主体是指经营规模较大、商品化生产、与现代农业和市场经济相适应的农业经营组织或在此基础之上，相互合作，融合形成的"公司＋合作社、公司＋家庭农场"等农业融合性经营主体。新型农业经营主体是建设现代农业的微观基础（刘可等，2019），主要包括家庭农场、农民专业合作社、农业企业等，其具体含义特征如下：

（1）家庭农场。家庭农场是指以家庭成员为主要的劳动力，从事农业规模化、集约化、商品化生产经营，并以农业收入为家庭主要收入来源的新型农业经营主体。其本质是家庭经营，是规模达到一定标准并在工商行政管理部门登记注册的专业大户（孔祥智、毛飞，2013）。专业大户是在农业现代化的大背景下从传统的小农家庭中由于资金、技术和经验的长期累积以及土地的流转而逐渐发展而来的经营主体（杨宗、熊凤水，2018）。不过近几年随着土地流转费用、农资、雇工等成本的持续走高，专业大户的盈利空间日益受到挤压，扩大农业经营规模的动力和能力不足（高强、刘同山等，2013）。大部分专业大户所进行的生产活动和传统个人小规模进行的生产活动相差不大（杨宗、熊凤水，2018），仅是扩大经营规模，集约化水平尚未得到有效提高，甚至存在粗放经营，尚未符合新型农业经营主体的标准（张照新、赵海，2013）。此外，专业大户发展的最大特点就在于缺乏稳定性，产品经营单一，不善于利用契约手段，很难承担起农业可持续性发展的重任（李继刚，2017）。为此，部分专业大户开始演化升级为家庭农场。相较而言，家庭农场具有较大规模的土地、较稳定的土地流转关系、较强的管理能力、较高的集约化水平（刘启明，2014）。此外，家庭农场可以通过注册登记成为法人主体，以自己的名义进入市场，塑造品牌，还可以享受政府出台的相关扶持政策，更重要的是有利于政府对家庭农场的监督与管理，保障农产品安全。其主要的特征如表2-1所示。

党中央、国务院高度重视家庭农场培育发展，习近平总书记多次作出重要指示，强调要突出抓好家庭农场和农民合作社两类农业经营主体发展。2013年以来，每年中央1号文件都对家庭农场培育发展作出部署，家庭农场呈现良好发展势头，据农业农村部统计，截至2020年6月，全国家庭农场数量已经突破 100 万个，家庭农场的产业经营更加多元，发展模式更加多样，经营效益也有稳步提升。但由于家庭农场以家庭成员为主要劳动力，只有忙季才会有少量的雇工，家庭农场管理更多的是家长式管理，有待朝着企业化管理改进和完善。

表 2-1　家庭农场特征的研究

家庭农场的研究特征	作者与时间
家庭性、适度规模性、营利性、企业化管理	黎东升、曾令香等，2000
家庭性经营、市场导向、利润最大化、现代化技术装备、适度规模化、生产经营决策自主	朱学新，2006
家庭经营、适度规模、市场化经营、企业化管理	高强、刘同山等，2013
经营者的户籍在农村、劳动力以家庭成员为主、农业收入是家庭主要收入来源、经营规模达到一定标准并相对稳定	刘文勇、张悦，2014
农业户籍、适度规模、以家庭成员为主、主要收入来自农业	陈锡文，2014

注：内容来源于文献整理。

　　（2）农民专业合作社。分散生产的小农户受理性和能力的局限性难以有效应对农产品流通体制改革和全球市场一体化趋势（万俊毅，2009），为克服小农户经营的种种弊端，解决一家一户办不好的事，提高农户市场谈判能力，降低农户的市场交易成本与市场参与风险，农户间联合组建的农民专业合作社于 20 世纪 80 年代末应运而生。此后，农民专业合作社不断发展，在 90 年代末就已经发展成为推进我国农业产业化经营的重要力量（苑鹏，2008）。2007 年 7 月 1 日《中华人民共和国农民专业合作社法》正式实施，将农民专业合作社定义为：在农村家庭承包经营基础上，同类农产品的生产经营者或者同类农业生产经营服务的提供者、利用者，自愿联合、民主管理的互助性经济组织。在政府政策的引导与支持下，农民专业合作社呈现快速发展的态势。据农业农村部的统计，截至 2020 年 6 月，我国农民专业合作社已高达 221.8 万户。农民专业合作社逐渐从传统合作走向新型合作，从横向合作进入纵向合作，从单一功能转向多种功能，从农户间合作迈向社际间协作，不断带动农民从"小生产"走向"大市场"。农民专业合作社蓬勃发展的同时亦面临着内部运行管理方面的集体行动困境、搭便车、内部人控制，以及政府补贴支持政策催生的"假合作社"或"空壳合作社"

等诸多问题。

（3）农业企业。农业企业是采用现代企业运营方式，进行专业分工协作，从事商业性农业生产及其相关活动，并实行独立经营、自负盈亏的经济组织（黄祖辉和俞宁，2010）。农业企业，尤其是农业龙头企业，拥有雄厚的资金、先进的技术、优秀的人才和良好的管理机制，在适应多变的市场环境和应对激烈的国际竞争方面具有较大优势，是产业化经营成败的关键（于金富，2017）。近几年来，随着我国农业经济的发展和政府政策的扶持引导，农业企业迅速发展，已成为现代农业的社会投资主体。据农业农村部统计，截至 2020 年 6 月，全国县级以上产业化龙头企业约 9 万家。部分龙头农业企业开始采取"多元化"和"走出去"的发展战略。此外，随着专业大户、专业合作社、家庭农场等经营主体不断涌现，农业企业与农户合作形式也不断多元化，由开始的"公司＋农户"模式拓展为"公司＋家庭农场""公司＋农民合作社＋农户"等多种合作模式，部分农业企业还开始领办或与农户合办合作社。农业企业迅速发展的同时出现了"与民争利"和"圈地"以及"非农化""非粮化"的行为现象（钱克明、彭廷军，2013；罗家为、谈慧娟，2018）。

2.1.4　高素质农民

2019 年 8 月中央颁发了《中国共产党农村工作条例》，明确要求：培养一支有文化、懂技术、善经营、会管理的高素质农民队伍，为农民培育进一步指明了方向。2020 年中央 1 号文件首次提出"加快构建高素质农民教育培训体系"，标示着延续多年的"职业农民"的提法将逐渐向培育"高素质农民"转变。农业农村部在 2020 年部署要以促进现代农业高质量发展为导向，以满足农民理念知识技能需求为核心，以提升培育质量效能为关键，瞄准经营管理型、专业生产型和技能服务型等三大类型，分层分类分模块培育高素质农民；高素质农民培育范围包括：产业脱贫带头人，现代农业带头人（新型农业经营主体和服务主体、返乡下乡创新创业者和专业种养加能手等）、乡村振兴带头人。因此，高素质农民是农民群体的带头人、领头雁，是新型农业经营主体的基本细胞，是促进现代农业发展、带动小农户与现代农业发展有机衔接、落实乡村振兴战略的生力军，高素质农民的重要特征包括：一是有文化，具备一定的文化水平、良好的精神风貌、坚定的理想信念，能够引领乡村精神文明建设；二是懂技术，勇于创新，敢于实践，能掌握先进的农业生产技术，引领农业技术示范推广，促进农业新业态形成，助推农业高质量发展；三是善经营，创新农业经营方式，善于开展产品营销，品牌创建，能带动小农户共同发展；四是会管理，具有先进的管理理念和一定的管理水平，是推动农村实现社会治理秩序转型的重要力量（彭超，2021）。因此，高素质农民的特点是有文化、懂技术、善经营、会管理，包括经营管理型、专业生产型、技能服务型三大类。

2.2　理论基础

2.2.1　人力资本理论

1960 年，人力资本理论首次被美国经济学家舒尔茨系统地提出来。他指出，人是社会进步的决定性因素，揭示了社会经济发展与人口素质的内在关系，论证了人力资本投资对国民经济发展的重要性。所谓人力资本是指劳动力投资形成的知识、能力和健康资本，依附于人体从而创造最终的收入。在农业方面，舒尔茨认为，对农民的教育和培训进行投资是对成本和收入的良好投资，农民教育培训是解释农业生产的重要变量，农民对人力资本的投入不同于其他物质资本，可以促进农业经济的增长（舒尔茨，1999）。人力资本理论另一集大成者 Becker 通过对人力资本投资的成本和效益的研究和分析，得出人力资本投资的回报相对于其他因素是最高的，在进行了一定的初始投资后，投资者对投资的回报有一定的预期，这些投资就是人力资本投资（Becker，1997）。

农村劳动力人力资本投资应包括正规教育、职业培训、个人和家庭迁移等方面的支出，我国开展的各类农民培训，主要目标是提高农民的人力资本，增加农民收入，促进经济社会发展。

2.2.2　胜任力理论

胜任力模型是指特定角色完成某一项任务所需要的能力要素之和，构成胜任力模型的主要组成包括名称、内涵和行为（黄勋敬、龙静，2011）。目前，学术界学者常用的基本胜任力模型是冰山模型和洋葱模型，这两种模型分别是由美国著名学者 Spencer 和 Richard Boyatzis 提出的。有学者对冰山模型进行了解释说明，认为胜任力分为显性和隐性两部分：冰山上部分是知识、技能等显性能力；冰山下部分则是个性特质、社会角色和动机等隐性胜任力（图 2-1）。一般地，我们会用隐性胜任力判断优秀与否，将人们划分为优秀者和普通者两种类型，隐性胜任力与显性胜任力不同，它是深层次的潜在能力，是区分不同人的关键因素。因此，胜任力理论的观点是，人们的内在动机和个人特质在自我人格塑造中起着关键且持久的作用，并且是影响人们行为和绩效的主要因素（尹德法，2013）。在冰山模型和洋葱模型的研究基础上，胜任力理论将其两者的相同性归纳出来，无论是哪种模型，它们都是将胜任力分为内部特征和外部行为两个部分，包括动机、特质、社会角色、知识和技能等能力（颜爱民、赵浩，2017）。

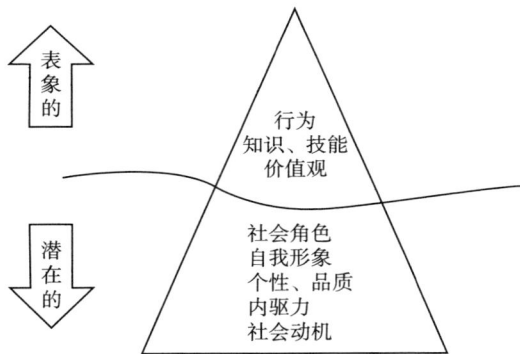

图 2-1 胜任力冰山模型

综上所述，胜任力特征的研究因其独特的优势而受到研究者的关注。胜任力模型是对特定岗位的优秀素质和技能要求所形成的胜任力结构，是驱动个体在某情境中产生优秀工作绩效的各种个体特征的集合。

2.2.3 人力资源管理

自美国古典管理学家、科学管理学之父泰勒在其著作《科学管理原理》中首次提出培训理论以来，培训理论得到了不断的发展，并用于指导实践。美国学者 Kleinman 认为，培训和开发是一种有计划的学习经历，教会人们如何有效地完成他们当前或未来的工作。培训与开发的实践目的在于通过提高员工的知识和技能来提高组织绩效（克雷曼，2001）。在现代意义上，培训和开发都着眼于员工和组织当前和未来的发展，两者的目的都是为了提高员工和管理人员的知识和技能。因此，常有学者将这两者联系在一起，并统称为培训。员工培训与开发是人力资源管理的重要内容，是维持整个组织有效运转的必要手段，是人力资源投入的主要形式（刘凤英，2010）。

培训开发是胜任力模型的核心功能之一，胜任力模型在培训开发中的应用主要是根据所需的胜任力对人进行培训和开发，以激发人的潜能。与以往的培训相比，今天的组织培训不仅建立了基于胜任力模型的培训体系，而且采取了相应的措施，以确保岗位所需的能力可以通过学习而掌握并应用于实际工作中。通过将能力模型应用于培训和发展，可以根据具体的职业能力要求和人员能力特点设置培训课程，以提高培训和发展的效果（尹德法，2013）。

2.3　国内外研究动态综述

2.3.1　国际职业农民培育实践

国外的职业农民培训教育实践已有较长的历史，特别是发达国家，对职业农民培育已构建了具有本国农业特色的职业农民培训模式，获得了丰富的理论和实践研究成果。

（1）发达国家制定了完善的法律法规，从顶层制度设计上为职业农民的培育提供保证。美国的农民教育培训已有 150 年的历史，从 1862 年《摩雷尔法案》颁布至今，美国联邦政府先后 8 次制定和完善有关职业教育方面的法规，增加各州政府对农民职业教育的资金投入、规范教育管理，提高农民整体素质。英国制定颁布了《农业培训法》，以加强农民技术培训。法国先后 7 次通过法令，对农民培训的方针政策及组织领导的具体措施做出规定。德国于 2005 年颁布修订后的《职业教育法》，更加明确了政府、企业和农民在农民培训中的地位和作用。日本从明治维新开始相继颁布了《学制》《农学校通则》《实业学校令》《实业教育费补助法》《实业学校教员养成所》等律令，对日本中等农业教育体制、经费来源和师资培训等问题作了系统的规定。1947 年日本国会颁布了《学校教育法》，主要确定了小学、初中、高中、大学的学习年限，其中小学和初中共九年，为义务教育。1948 年颁布《农业改良助成法》，为日本农业生产和推广事业提供法律依据。1961 年相继颁布了《农业基本法》和《农业振兴法》，两者均强调了教育的重要性，并且提出农民职业化，通过对农民进行教育培训以此来提高农民的自主生产经营的能力（高鸣、武昀寰和邱楠，2018）。韩国十分重视农业农村立法，《农业基本法》为农业宪法，先后制定了农村振兴、农业现代化、农业组织、农业机械、农业用地等方面的法律法规，形成了比较完善的农业农村法律体系，确保了农业生产与农村发展的各环节有法可依。1981 年，韩国政府开始组织实施"农渔民后继者培养工程"，专门为农业后备劳动者提供技术培训。1980 年、1990 年制定了《农渔民后继者育成基金法》《农渔民发展特别措施》，为农业后继者和农业专业户的培育提供了法律保障。日本、韩国在农业教育上有相似之处，将农业教育贯穿于国家各个教育层次，分为初、中、高等农业职业教育。爱尔兰出台了完备的法律支持国家的农业和农民教育，制定农场经营合格证书培训计划和有关的奖励政策，明确规定，农场经营合格证书是申请农业开发、设备安装补助的唯一凭证，极大地调动了青年学农务农的积极性。

（2）政府对职业农民培育有持续的资金投入。发达国家政府在农民教育培训中起主导作用，有持续的资金投入。美国财政每年用于农民教育的经费达 600 亿美元，英国农民培训经费的 70% 由政府财政提供，德国农民教育投资占国家教育投资的 15.3%。韩国每年从国家财政中划拨 2 000 万到 5 000 万韩元用于支持农业后继创业人员，而对专业农民的补助更是达到 2 300 万到 1 亿韩元；日本的乡村公共事业几乎全由国家提供资金，个人投资农业基建项目，由国家提供总投入资金一半的补贴，如果把地方预计的费用考虑在内，该国在农业扶持上的投入超出农业 GDP 总额（许喜文、贾兵强和向安强，2009）。

（3）多方参与构建较完善的职业农民培育体系。发达国家职业农民培养教育有完善的职业农民培养体系、有严格准入门槛以及多渠道的经费来源鼓励创业来支持职业农民教育培训。美国通过能力提升、参与农业农村发展及补贴和信贷政策培养高素质农民，巩固和扩大美国农业的优势地位（李国祥、杨正周，2013）。日本从国家制度保障、资金投入到位、农业教育体系和运作机制健全、办学机制和课程设置灵活、教师培训渠道畅通等多方面加强职业农民的培育，从而振兴农村和农业、挽回农业经济地位（李红，2008）。德国采用的是每周由学校进行 1～2 天的理论教育、由企业进行 3～4 天的技能培训共同完成对学生培养的双元制来培育职业农民（郭晓茹、许文兴，2012）；通过制度设计使得政府拥有从社会中获得财政支持的权力（设立中央基金）和对社会资源的宏观配置权力，政府通常采取国家资助和政府拨款的方式向职业教育提供经费，并通过制度约束引导企业投入，约有 3/4 的经费来源于企业（谷小勇，2005）。荷兰从基础教育阶段就实行"双轨制"教育，将农业教育与基础教育紧密结合起来，在小学高年级阶段就开展预备农业职业教育。韩日农村教育是将农村人力资源开发纳入整个国民经济发展进程中（胡文华、万一，2010）。

2.3.2　国内农民职业教育的探索实践与发展趋势

（1）我国对农民职业教育的研究起步较晚，但国家十分重视。2005 年农业部发布《关于实施农村实用人才培养"百万中专生计划"的意见》将"职业农民"作为"百万中专生计划"的培养对象提出，首次提出了"职业农民"的概念。2007 年中央 1 号文件四次提及"新型农民"，2011 年《教育部等九部门关于加快发展面向农村的职业教育的意见》七次提及"新型农民"。2012 年中央 1 号文件提出大力培育职业农民，虽然没有明确职业农民的内涵与分类，但已掀起了一股新的浪潮。2014 年中央 1 号文件提出加大对职业农民和新型农业经营主体领办人的教育培训力度，在 1 号文件中再次提及职业农民。2015 年中央 1 号文件明确提出要通过农业职业教育培养职业农民。2016 年中央 1 号文件对加快培育职业农民做出详细解释。2017 年十九大报告中提出的"实施乡村振兴战略"，振兴农业和农村计划都离不开"农业继承人"计划等职业农民培训工作。2018 年中央 1 号文件提出实施乡村振兴战略，必须破解人才瓶颈制约，大力培育高素质农民。全面建立职业农民制度，完善配套政策体系让农民成为有吸引力的职业，让农村成为安居乐业的美丽家园。2019 年中央 1 号文件提出要培养懂农业、爱农村、爱农民的"三农"工作队伍。2020 年中央 1 号文件指出要推动人才下乡，培养更多知农爱农、扎根乡村的人才，推动更多科技成果应用到田间地头。

在党中央的号召下，各级政府高度重视，持续推出许多培训政策和措施。然而现有农民教育的制度安排模式比较单一，政府性供给渠道占据了主导地位，农业职业教育偏离农村现实需要，以短期培训代替培育，农民内生性培育严重不足（徐辉，2016）；职业农民培育中普遍存在管理体制不畅、动力机制不足、竞争机制欠缺等体制机制障碍（颜廷武、张露和张俊飚，2017）。学界及社会各界对如何培育高素质农民一直在进行有益的探索：职业院校尝试"自主考试、免费就读、弹性学制、定向使用"；"政府买单、定向招生、定向培养、农学结合、校政融合"等。扩大高等教育参与职业农民培养的程度，通过实施"职业农民培养工程"和建立城乡人才双向流动的新机制（朱启臻，2011）；加强校企合作、产学研协同，实现产教融合、合作育人，充分发挥农业院校和科研院所的作用，创建政行校企合作联盟，依托校企合作联盟培养高素质农民（徐向明、尤伟忠，2015）；加快农民职业教育立法、明确政府责任定位、完善工作运行机制、加大财政投入、改善教育培训条件等（郭智奇、齐国，2012），加强在政府考核、政策保障、社会认知、市场准入以及健全体系等方面的力度（周一波、储健，2012）；鼓励高素质、高学历人才成为高素质农民（卓炯、杜彦坤，2017）。研究成果非常丰富，但缺乏理论支撑与规律性认识，缺乏具体分类研究，未形成政府、高校、企业等多方联动的完善的培育体系。

（2）乡村振兴战略实施促进农民教育向高素质农民培育转型。2012—2019年，高素质农民成为培育重点，各级政府主导、企业协同建设有中国特色的农民教育培训体系，基本形成农业农村部门牵头，公益性培训机构为主体，市场力量和多方资源共同参与的教育培训体系，各级农广校积极发挥支撑作用，涉农院校加大力度投入农业农村人才培养，科研院所、农民合作社、农业企业、农业园区等多元力量参与农民培训更加广泛。"十三五"期间我国培育各类新型经营服务主体带头人超过200万人，培养现代青年农场主、创新创业青年等年轻力量5万人，培育农业经理人等经营管理人才1.6万人，对农民的职业教育带动新型农业经营主体的发展壮大，据农业农村部统计，到2020年6月，全国依法登记的农民合作社达221.8万家，辐射带动全国近一半的农户，全国家庭农场突破100万个，全国返乡入乡创业创新人员突破1 000万人（资料来源：农业农村部）。

随着经济发展转入高质量发展阶段，现代农业、智慧农业的迅速发展，乡村振兴战略的实施，对农民的职业素质提出了更高的要求。2019 年 8 月《中国共产党农村工作条例》正式实施，条例明确提出"培养一支有文化、懂技术、善经营、会管理的高素质农民队伍，造就更多乡土人才"。首次明确正式地提出"高素质农民"概念，"高素质农民"这一概念，更加尊重农民农业农村现代化建设的主体地位和首创精神，更加体现了农民是乡村振兴的主力军；2019 年农业农村部办公厅、教育部办公厅印发《关于做好高职扩招培养高素质农民有关工作的通知》，正式启动实施"百万高素质农民学历提升行动计划"，2020 年中央 1 号文件中首次提出培育高素质农民，标示着农民的教育培训从注重数量向数量质量并重转变，工作重心从以培训者为中心转向关注被培训者的有效需求，农民教育培训进入一个全新的历史时期，农业农村部及各级农业农村部门围绕着高素质农民的培育制定实施计划与措施，学界结合时代要求开展对高素质农民培育的总结和研究，一致认为要有效对接乡村振兴战略的总需求，在"互联网＋"的时代，必须加快培育适应时代需求和农业农村发展新趋势的高素质农民；宜打造线上线下终身学习的平台，建立差异化培育机制，构建多方位支持保障体系，建立健全"造血式"的可持续发展培育体系（温涛、陈一明，2021）。重庆市总结 7 年多的职业农民的培育经验，提出了重庆高素质农民培育的"一点（以产业发展为立足点）、两线（以生产技能水平和经营管理水平提升为两条主线）、三分（分类、分层、分级）、四贴（贴近政策要求、贴近新型农业经营主体需求、贴近农民诉求、贴近农时季节生产的需要）"的培育范式，在分析存在问题基础上提出要设立高素质农民大学，加大学历教育培训的比重（王凤羽、姚茂华、孙伟，2020）；田间学校是培育高素质农民比较适用的培训推广模式，农民田间学校（Farmer Field School）起源于 20 世纪 60 年代，是联合国粮食及农业组织（FAO）推行的农民培训的方法，近年全国建立起 2.4 万个田间学校，在培养高素质农民，尤其是提高他们的实践操作能力、示范引领作用等方面发挥了积极的作用（张曦文，2019），但也存在师资不足、资源匮乏等问题，必须通过内练、外引培养师资队伍，搭建平台实行资源共享，探索发展新路径（赵永红，2020）；高素质农民如何培养，许多高校及职业院校进行了探索和总结，江苏农牧职业技术学院针对不同产业、不同需求的高素质农民，系统创建了"三能力四模块"的培育模式，实施新型农民短期培训、高素质农民学历教育、精英农民重点培育（袁华根等，2021）；浙江农艺师学院以农业领军人才、现代职业农民、农创客为培育目标，以高层次、复合型和精准化培育为办学理念，通过"专业研修＋技能鉴定＋职称评定"的贯通培养模式，为农业从业人员提供继续教育和能力提升的公共平台（黄河啸等，2020）。打造高素质农民队伍，还必须练内功、聚外力"两条腿"走路，练内功即要激发内生动力加大本土人才培育力度，聚外力，即畅通智力、技术、管理下乡入乡的通道、机制，引导外出人才、大中专毕业生及乡村振兴有志之士等返乡入乡（乔金亮，2020）。

综合所述，农民的职业教育将朝着高素质农民培育、高职农业教育、高等农业教育"三高"协同，不断构建农民短期培训、职业技能培训和学历教育相互衔接；将朝着本土化高素质农民培育与高素质人才引进相结合的新格局发展。

（3）高素质农民培育将是农民职业教育发展的新趋势。2020年广东省委、省政府率先提出了培育高素质农民要求，不但要提升农民的素质培养新农人，培养乡村技能人才、工匠、企业家等，更要注重"精、勤"，既要勤劳作、精技艺、传承文化，努力致富兴村，让农民成为有吸引力的体面职业。2021年广东省人力资源和社会保障厅、广东省农业农村厅关于印发《广东省百万农民技能培训实施方案的通知》，强调要大力推进职业技能提升行动，全面实施百万农民技能培训计划，服务乡村振兴大局，培养新时代高素质农民。对广东高素质农民的培育进行了详细规划，主要包括以下几方面：一是围绕"粤菜师傅""广东技工""南粤家政"三项工程培养农村技能人才，打造"粤字号"农村技能人才品牌。二是培育乡村工匠，大力挖掘一批乡村手工业者、传统艺人，传承发展传统技艺，开展研习培训、示范引导、品牌培育；加强乡村建筑工匠培训，培育乡村本土建设人才。三是高素质农民的培育，重点培育各类农业职业经理人、家庭农场经营者、农民合作社带头人、创业致富带头人、专业技能和专业服务型高素质农民。四是培育农村创新创业带头人，培育壮大新一代乡村企业家队伍。五是加强农村电商人才培育，实施广东农业云学堂暨"万名新农人直播电商人才培训"计划，以"短视频＋网红"直播领域为重点，培育新业态电商人才。

第3章 小农户融入现代农业发展能力及影响因素

全国第三次农业普查第1号文件数据统计结果显示非规模经营农户占全国农户约98％，小农户在农业经营者中仍占据主体地位，是现代农业发展的一支生力军。针对我国农业实际发展国情和农业农村现代化建设，党的十九大报告提出："培育新型农业经营者，完善农业社会化服务体系，实现小农户发展与现代农业有机结合"。2018年中央1号文件进一步提出："要统筹考虑培育新型农业经营主体和扶持小农，有针对性地采取措施将小农户生产纳入现代农业发展轨道"。小农户要有效融入现代农业发展，关键是要提升融入现代农业发展的能力。

2005年农业部印发《关于实施农村实用人才培养"百万中专生计划"的意见》将"职业农民"作为"百万中专生计划"的培养对象提出，首次提出了"职业农民"的概念。2007年中央1号文件四次提及"新型农民"，2011年《教育部等九部门关于加快发展面向农村的职业教育的意见》七次提及"新型农民"。2012年中央1号文件提出大力培育职业农民，虽然没有明确职业农民的内涵与分类，但已掀起了一股新的浪潮。2014年中央1号文件提出加大对职业农民和新型农业经营主体领办人的教育培训力度，在1号文件中再次提及职业农民。2015年中央1号文件明确提出要通过农业职业教育培养职业农民。2016年中央1号文件对加快培育职业农民做出详细解释。2017年十九大报告中提出的"实施乡村振兴战略"，振兴农业和农村计划都离不开"农业继承人"计划等职业农民培训工作。2018年中央1号文件提出，实施乡村振兴战略，必须破解人才瓶颈制约，大力培育高素质农民。全面建立职业农民制度，完善配套政策体系让农民成为有吸引力的职业，让农村成为安居乐业的美丽家园。

自 2014 年我国全面启动高素质农民培育工程，社会各界愈发重视对高素质农民的研究探索，相关成果也较为丰富，但是关于高素质农民培育具体实践的研究较少，缺乏可复制推广的成熟经验。国内学术界现阶段研究主要集中在探讨培育的困境及解决对策上，并达成必须构建一体化培育体系、科学的培养机制的共识。我国高素质农民培育对象普遍存在文化水平低、体质弱等问题，城乡劳动力市场不均衡；在实际高素质农民培育工作中，相关培训制度不健全，培育模式亟待创新，因此必须要构建管理规范化、遴选对象制度化、培养模式多元化、培育内容专业化的主体明确、层次清晰、有效衔接的科学职业农民培育体系（沈红梅、霍有光和张国献，2014；马明、梁智慧和闵海燕，2018；胡焱、王伯达，2017）。国内对构建高素质农民培育机制的研究尚且不够，张立国等人对 CNKI 数据库中高素质农民培育研究文献的高频关键词进行共词分析，发现关于培育机制构建的研究相对较少（张立国、李芳，2018）。现有关于构建高素质农民培育机制的研究成果主要在以下几个方面：

（1）培育机制要因地制宜。我国的农业发展要素分布较为复杂，因此培育要依托地方农业发展状况。我国东部地区经济较为发达，应该基于地方市场化运作的合作组织或产业组织体系来促进培育机制的形成；中部地区经济发展水平偏低，却是重要的粮食主产区域，因此应以政府引导为主，通过农业科研院所和农业龙头企业的合作，引入政企配合型的培育机制；西部地区经济落后，需要完全依靠政府投入，适合政府项目型和院校培训型的培育机制（叶俊焘，2014）。

（2）要构建多方联动培育机制。高素质农民培训是一项涉及多部门的长期社会工程，其机制应该是多中心治理模式，既在整个培育的过程中，以不同主体利益诉求划分其角色与功能定位（张胜军，2016）。而高素质农民培育面临的困境很大程度上来自外部环境和制度层面，因此政府要发挥主导作用，营造良好的政策环境，并科学规划培育机制，强化执行。要建立政府部门＋经营主体＋专业院校＋培训机构等多方联动的培育机制（刘西涛，2016）。

（3）要构建培育利益联结机制。培育过程本质上也是一个各个利益相关者之间的利益博弈过程。利益联结是确保培训可持续的关键，构建机制的思路为以利益目标为出发点，过程中注意调节各方利益诉求差异，后程以绩效评估进行利益再分配，用"理性经济人"的思维将利益导向贯穿整个机制，给予构建高素质农民培育机制明确方向，相对应培育机制可分为三个模块：目标导向机制、过程调节机制、绩效评估机制（刘奉越，2018）。

国内对于农民培育等的研究文献较为丰富，并达成了基本的共识：农村劳动力持续向非农领域转移造成农业从业者持续减少、农业从业者整体素质偏低导致农业科技普及困难、农村新生劳动力离农意愿强烈导致农业生产后继乏人、高层次农业人才下不去留不住等，部分学者点出了问题但没有提出具体的解决思路和措施。不少学者已经开始探索新型农业经营主体培养的实践路径，但对高素质农民的培育没有形成较为完善的体系。新时期要发力乡村振兴战略，人才是关键。而农民是农业生产的直接参与者、最基本的生产要素，是乡村振兴的主体。因此创新农民培育机制，把小农户培养成为理念新、眼界宽、懂管理、善经营的新型农业经营主体尤为迫切。

3.1　小农户融入现代农业发展的能力

传统农业是使用经验知识和传统生产要素进行农业经营的一种形态（罗必良，2020）。现代农业是相对于传统农业而言，指运用现代发展理念、现代科学技术、现代物质条件、现代经营形式和管理方式，实现农业的贸工农紧密衔接、产加销一体化的多功能、符合可持续发展原则的产业体系，是一种以市场为导向的技术密集型的高产、优质、高效、生态、安全的发达农业形态（宋建平，2019）；是利用现代要素提高生产率和收入水平的农业（罗必良，2020）。中央提出要实现小农户发展与现代农业有机结合，就是要有针对性地采取措施将小农户生产纳入现代农业发展轨道。小农户与现代农业发展有机衔接是在小农户与现代农业发展之间搭建桥梁，使二者之间相互关联、相互连接、相互协调，形成不可分割的有机体的路径与模式。小农户衔接现代农业发展的关键是将现代经营理念与现代经营行为融入小农户（孟秋菊、徐晓宗，2021），要求小农户的人力资本水平获得较快增长，具有与现代农业发展相适应的智力、知识和技术（阮文彪，2019）；提升小农户自我发展能力（胡永万、郭艳青等，2019），包括学习能力、保障与支持能力、社会交往能力、经济能力、应对风险能力（吴帆、李建民，2012）；提升小农户掌握现代要素的能力、提升务农效益和竞争力（邓雪霏、卢博宇、徐子荐，2020），持续提升小农户技能素质和经营管理能力；使小农户成为具有现代经营理念和现代经营行为，掌握生态农业、设施农业、体验农业、定制农业等知识的新型经营者。

综合所述，促进小农户衔接现代农业发展，关键是提升小农户融入现代农业发展的能力（姜长云，2018），包括：个人的基础素质、持续学习能力、现代农业素养、现代经营意识四个方面。

在期刊网通过搜索关键字"职业农民""胜任力""能力""素质模型"等，共搜索出相关核心文献 27 篇。由于不同学者对各项能力的选取和表述不同，因此，在进行梳理的过程中，对案例材料进行认真阅读，根据每篇文献对能力的行为描述含义进行编码，同类合并，异类罗列，咨询相关专家学者意见，最终列出小农户能力特征条目共 24 条（表 3-1）。

表 3-1　小农户融入现代农业能力特质条目统计

序号	能力词条	出现频次	序号	能力词条	出现频次
1	农业生产技能	18	13	责任心	9
2	农业生产知识	16	14	环保意识	9
3	经营管理能力	16	15	乐观自信	8
4	持续学习能力	16	16	文化素养	8
5	法律意识	13	17	竞争意识	8
6	诚信	12	18	身体体能	8
7	农民职业意愿	12	19	风险意识	7
8	创新意识	12	20	农业政策理解执行	6
9	市场意识	11	21	农产品质量安全意识	5
10	人际交往能力	10	22	沟通理解能力	5
11	信息收集与处理	10	23	学习意愿	5
12	品牌意识	10	24	合作精神	5

综合考虑，一是国外学者 McClelland 提出的传统素质冰山模型的六维度，即知识、技能、社会角色、自我形象、特质、动机；二是国内学者对此研究的相关文献中梳理出来的 24 条能力特征，结合小农户特点进行进一步

整理，选出以下评价指标：责任心、乐观自信、学习意愿、农业知识学习、农业生产技能学习、人际交往能力、沟通理解能力、生产计划能力、农业政策理解与执行、农产品质量安全意识、环保意识、法律意识、风险意识、信息收集与处理、诚信经营意识、竞争意识、市场意识、品牌意识、合作精神、农民职业意愿、创新意识、文化素养共 22 个测量题项。

3.2　小农户融入现代农业发展能力评价模型构建

3.2.1　问卷设计

综合国内外学者对职业农民素质、职业农民胜任力等的研究，根据每篇文献对素质能力、胜任力的行为描述含义进行编码、同类合并、异类罗列，通过咨询专家学者的建议，结合现代农业发展对小农户要求进行进一步整理，筛选出 22 个测量题项作为小农户融入现代农业发展能力的评价指标，为了受访者能够直观地判断，课题组采取了 Likert 5 级量表对每个能力特质设置"非常不同意""不同意""一般""同意""非常同意"5 个评价层次，分别表示受访农民认知中对此能力模型中各项能力特质的不同认可程度。

为了使问卷更具科学性和有效性，选取了广东省英德市个别村组进行小范围内小样本数据收集，对问卷中不太合适的问项进行删除，运用 SPSS 19.0 对数据进行分析，剔除不合适的项，最终确立了小农户融入现代农业发展能力评价指标主要包括 4 个一级要素、18 个二级要素，分别是：个人基础素质（乐观自信、责任心、生产计划能力、沟通理解能力、人际交往能力）、现代经营意识（市场意识、竞争意识、品牌意识、诚信经营意识、信息收集与处理、风险意识）、现代农业素养（法律意识、农产品质量安全意识、环保意识、农业政策理解执行能力）、持续学习能力（主动持续学习意愿、学习农业基本知识能力、学习农业技能的能力）。

3.2.2　正式问卷调研与基本情况

采用访谈法于 2019 年 10 月至 12 月在清远市 5 个区（县）12 个村，进行正式入户调研，共发放问卷 650 份，经回收后进行信息、数据的筛选，得到最终有效问卷 583 份，有效回收率为 89.69%。样本特征见表 3 - 2。

表 3 - 2　受访者基本特征

基本情况	选项	样本数（人）	比重（%）
地区	清远市佛冈县	128	21.9
	清远市连山县	101	17.3
	清远市英德市	113	19.3
	清远市清新区	88	15.1
	清远市清城区	153	26.2
性别	男	386	66.2
	女	197	33.8
年龄	29 岁以下	66	11.3
	30～39 岁	106	18.1
	40～49 岁	134	23.1
	50 岁以上	277	47.5
政治面貌	党员	206	35.3
	非党员	377	64.6
学习经历	小学及以下	181	31.0
	初中	233	40.0
	中专	31	5.3
	高中	67	11.5
	大专及以上	71	12.2
从业年限	5 年以下	140	24.0
	6～10 年	76	13.1
	11～15 年	44	7.5
	16～20 年	26	4.5
	20 年以上	297	50.9
家庭年收入	5 万以下	392	67.2
	6 万～10 万	87	14.9
	11 万～20 万	58	9.9
	20 万以上	46	8.0
主要收入来源	农业收入占大头	188	32.2
	打工等非农收入占大头	246	42.1
	农业收入和非农收入都是主要来源	104	17.8
	其他来源	45	7.7

（续）

基本情况	选项	样本数（人）	比重（%）
	无	385	66.0
	1次	67	11.4
培训经历	2次	41	7.0
	3次	29	4.9
	4次及以上	61	10.4
	无	215	36.5
	1年以下	17	2.9
外出务工经历	1～5年	124	21.2
	6～10年	93	15.9
	10年以上	134	22.9

受访者以男性为主，占比 66.2%，女性仅为 33.8%。年龄在 50 岁以上的农民居多，占比 47.5%，其次分别为 40～49 岁中年农民，占比 23.1%；30～39 岁中青年农民占比 18.1%，29 岁以下青年农民占比最少，仅为11.3%；青年农民更多是在外求学或者务工，暂迁移到城市生活，但这部分人却是潜在的高素质、高技能农民。受访者文化程度总体水平偏低，小学以下为 31.0%、初中为 40.0%、高中及中专为 16.8%、大专及以上为12.2%，与受访者总体年龄偏大相关。从事农业年限 5 年以下的为 24%，6～10 年占比 13.1%，11～15 年占比 7.5%，16～20 年占比 4.5%，20 年以上的占比高达 50.9%。这与年龄分布有一定的联系，受访农民年龄集中在中年，大多数都是从小在家务农，因此从事农业的年限都相对较长。耕种面积为 3 亩以下的农户家庭相对较多，占比 46.1%，其次为 16～20 亩，占比 19.0%，4～5 亩的农户家庭占比 14.9%，6～10 亩占比为 14.5%，11～15 亩占比为 5.1%，20 亩以上的农户仅为 0.4%，进一步反映了当前农户生产经营以小规模为主。

3.2.3　小农户融入现代农业发展能力评价模型构建

（1）探索性因子分析。运用 SPSS 19.0 对数据进行了效度信度检验分析，检验结果显示，小农户融入能力量表的 α 值为 0.920，大于 0.8，表明各个变量及量表的计量项目都较可靠，内部一致性较好，问卷信度较好。小农户融入能力量表 KMO 值为 0.906，大于 0.7，且显著性水平 Sig 值为 0.000，表明量表结构较好，变量之间具有一定相关性，适合做因子分析。

探索性因素分析是指在事先不了解相关因素的基础上，通过数据采集和统计分析软件的使用，对因素进行分析的过程。探索性因子分析的目的是找出因子的数量，并通过分析观测变量来确定因子与观测变量之间的关系。本书运用 SPSS 19.0 软件，使用因子分析中的主成分分析法提取问卷中所有项目的共同因子，并通过最大方差法进行因子旋转，以特征值大于 1 为标准提取公共因子，若方差累积解释率大于 0.5 则符合标准。采用主成分分析法提取问卷中所有项目的共同因子，并通过最大方差法进行因子旋转，以特征值大于 1 为标准提取 4 个公共因子，其因子解释的变异数分别为 43.426%、10.623%、6.512%、5.746%，累计解释变异数为 66.306%。从表 3-3 中可知：公共因子 1 包括 6 个题项，这些能力是对现代农业经营管理中不可或缺的意识，命名为现代农业经营意识。公共因子 2 包括 5 个题项，这些能力是个人道德品行以及个人日常交往沟通、生产计划所应具备的能力，命名为个人基础素质。公共因子 3 包括 4 个题项，这些能力是体现农民现代农业素养的核心内容，命名为现代农业素养。公共因子 4 包括 3 个题项，这些能力是农户对专业知识和技能的主动持续学习意愿与掌握情况，是根据社会经济发展要求，科技进步不断更新的一种能力，命名为持续学习能力（表 3-3）。

表 3-3 小农户融入现代农业发展能力量表旋转成分矩阵

	成 分			
	1	2	3	4
市场意识	0.852			
竞争意识	0.825			
品牌意识	0.692			
诚信经营意识	0.683			
信息收集与处理	0.632			
风险意识	0.572			
乐观自信		0.815		
责任心		0.801		
沟通理解能力		0.712		

（续）

	成　分		
1	2	3	4
生产计划能力	0.694		
人际交往能力	0.591		
法律意识		0.810	
农产品质量安全意识		0.709	
环保意识		0.698	
农业政策理解与执行		0.666	
主动学习意愿			0.689
农业知识学习			0.665
农业生产技能学习			0.648

（2）验证性因子分析。为检验构建模型的拟合程度是否符合标准，运用 AMOS 21.0 进行分析，进一步采用验证性因素分析。经一阶因子模型非标准化参数估计，非标准化参数估计值皆为正数，该模型的拟合结果显示 24 条路径系数均达到显著水平，均在 0.001 水平上达到显著（表 3 - 4）。

表 3 - 4　一阶因子模型非标准化参数估计（$N=583$）

	Estimate	S. E.	C. R.	P
现代经营意识 ⟷ 现代农业素养	0.965	0.092	10.500	***
现代经营意识 ⟷ 持续学习能力	0.146	0.034	4.283	***
个人基础素质 ⟷ 现代农业素养	0.194	0.025	7.842	***
现代农业素养 ⟷ 持续学习能力	0.118	0.028	4.203	***
个人基础素质 ⟷ 持续学习能力	0.026	0.007	3.845	***
现代经营意识 ⟷ 个人基础素质	0.204	0.027	7.689	***
风险意识 ← 现代经营意识	1.000			
信息收集与处理 ← 现代经营意识	1.181	0.051	23.153	***
诚信经营意识 ← 现代经营意识	0.788	0.058	13.627	***
竞争意识 ← 现代经营意识	0.900	0.054	16.661	***
市场意识 ← 现代经营意识	0.950	0.055	17.334	***
品牌意识 ← 现代经营意识	1.179	0.067	17.555	***
责任心 ← 个人基础素质	1.000			
乐观自信 ← 个人基础素质	1.224	0.083	14.704	***
生产计划能力 ← 个人基础素质	2.670	0.234	11.385	***

（续）

	Estimate	S. E.	C. R.	P
沟通理解能力 ◄── 个人基础素质	2.646	0.236	11.237	***
人际交往能力 ◄── 个人基础素质	2.188	0.204	10.737	***
农业政策理解与执行 ◄── 现代农业素养	1.000			
农产品质量安全意识 ◄── 现代农业素养	1.293	0.078	16.586	***
环保意识 ◄── 现代农业素养	0.930	0.062	15.082	***
法律意识 ◄── 现代农业素养	1.131	0.068	16.728	***
农业生产技能学习 ◄── 持续学习能力	1.000			
农业知识学习 ◄── 持续学习能力	5.816	1.274	4.565	***
主动学习意愿 ◄── 持续学习能力	5.488	1.189	4.617	***

注：*、**、*** 分别表示 P 在 10%、5%、1% 的统计水平上显著。

模型各拟合指标均达到标准值范围，进一步说明模型与实际结果之间的协方差矩阵并不具备显著性差异，有较好的拟合度，说明模型可以接受（表 3-5）。

表 3-5　一阶因子模型各拟合指标值（$N=583$）

统计检验量	绝对适配度指数			增值适配度指数				简约适配度指数			
	GFI	AGFI	RMSEA	NFI	RFI	IFI	CFI	PGFI	PNFI	PCFI	CMIN/DF
评价标准	>0.9	>0.9	<0.08	>0.9	>0.9	>0.9	>0.9	>0.5	>0.5	>0.5	<3
模拟结果	0.96	0.94	0.04	0.96	0.95	0.98	0.98	0.66	0.74	0.75	1.90

在一阶验证性因子分析中，小农户融入现代农业发展能力特征模型的四个特征要素表现出一定的相关性，反映了四个特征要素的指标变量与潜在变量之间的关系，四个特征要素的潜变量可以用小农户融入能力的高阶潜变量来解释，因此考虑建立二阶验证性因子分析模型，用四个特征要素的潜在变量来表示综合能力，分析结果如图 3-1 所示。通过二阶因子分析，将现代经营意识、现代农业素养、持续学习能力、个人基础素质四个因子归纳为小农户融入现代农业发展的能力。

综合以上分析，小农户融入现代农业发展能力评价指标包括：现代经营意识、现代农业素养、持续学习能力、个人基础素质 4 个一级要素共 18 个二级要素。

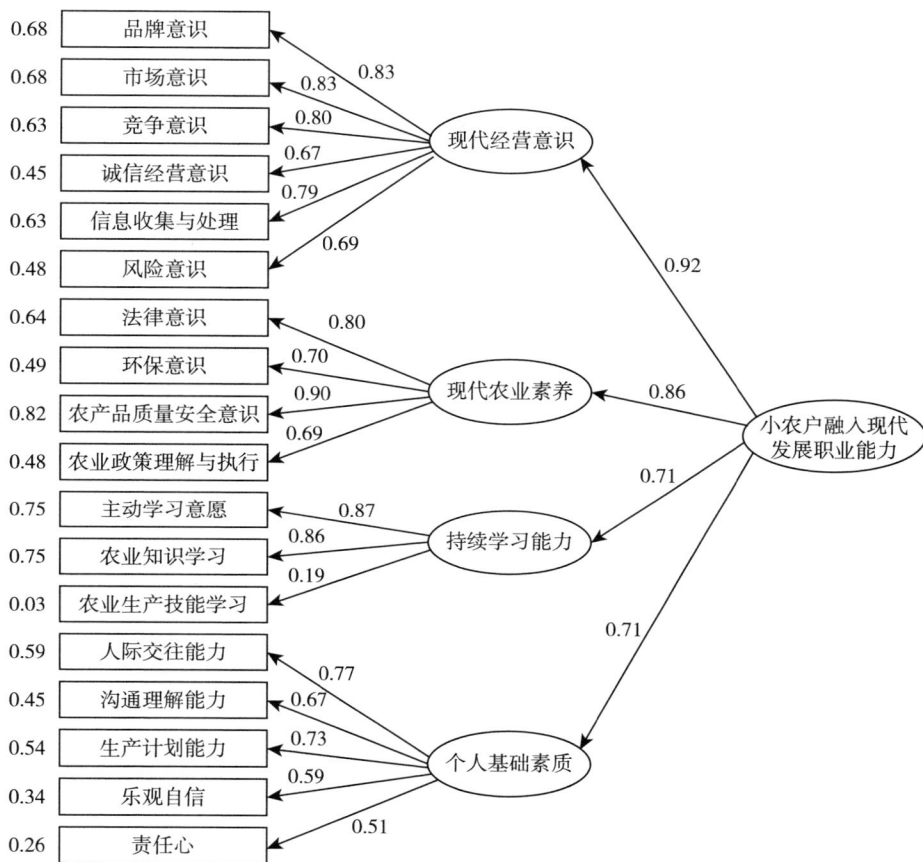

图 3-1　小农户融入能力要素二阶因子模型（标准化结果）

3.3　小农户融入现代农业发展能力水平评价

小农户融入现代农业发展能力测评结果如表 3-6 所示，小农户融入现代农业发展能力总体水平均值为 3.10，说明受访小农户总体能力水平较低，亟待提升。各个一级要素水平十分不均：个人基础素质要素维度均值最高，达到 3.98，显示小农户比较乐观、对生产十分负责；现代农业素养要素维度均值为 3.36，显示小农户有了一定的质量安全意识、法律意识、环境保护意识；现代经营意识要素维度均值为 2.96，持续学习能力要素维度均值仅为 2.10，显示小农户的现代经营管理意识非常薄弱，持续学习的意愿和能力欠缺，也是阻碍小农户与现代农业有机衔接的关键点。

表 3-6 小农户融入能力总体及各一级要素水平均值

维度	N	极小值	极大值	均值	标准差
小农户融入能力总体水平	583	1.00	5.00	3.10	0.82
个人基础素质	583	1.00	5.00	3.98	0.67
现代农业素养	583	1.00	5.00	3.36	1.23
现代经营意识	583	1.00	5.00	2.96	1.24
持续学习能力	583	1.00	5.00	2.10	0.87

为了深入分析小农户融入现代农业发展能力的现状，进一步从每个二级要素进行具体分析（表 3-7）。

表 3-7 小农户现代农业发展能力各二级要素水平均值

一级要素	二级要素	人数/百分比					均值
		1分	2分	3分	4分	5分	
个人基础素质	乐观自信	1 (0.2%)	5 (0.9%)	64 (11.0%)	322 (55.2%)	191 (32.8%)	4.20
	责任心	0 (0.0%)	1 (0.2%)	57 (9.8%)	323 (55.4%)	202 (34.6%)	4.25
	沟通理解能力	17 (2.9%)	46 (7.9%)	131 (22.5%)	204 (35.0%)	185 (31.7%)	3.85
	生产计划能力	12 (2.1%)	41 (7.0%)	145 (24.9%)	222 (38.1%)	163 (28.0%)	3.83
	语言表达能力	16 (2.7%)	39 (6.7%)	149 (25.6%)	240 (41.2%)	139 (23.8%)	3.77
现代经营意识	品牌意识	245 (42.0%)	59 (10.1%)	95 (16.3%)	48 (8.2%)	136 (23.3%)	2.61
	市场意识	142 (24.4%)	110 (18.9%)	151 (25.9%)	106 (18.2%)	74 (12.7%)	2.76
	竞争意识	125 (21.4%)	107 (18.4%)	170 (29.2%)	97 (16.6%)	84 (14.4%)	2.84
	诚信经营意识	115 (19.7%)	80 (13.7%)	80 (13.7%)	174 (29.8%)	134 (23.0%)	3.23
	信息收集与处理	173 (29.7%)	86 (14.8%)	95 (16.3%)	23 (3.9%)	206 (35.3%)	3.01
	风险意识	140 (24.0%)	56 (9.6%)	120 (20.6%)	23 (3.9%)	244 (41.9)	3.30

（续）

一级要素	二级要素	人数/百分比					均值
		1 分	2 分	3 分	4 分	5 分	
现代农业素养	环保意识	53 (9.1%)	94 (16.1%)	63 (10.8%)	147 (25.2%)	226 (38.8%)	3.68
	法律意识	91 (15.6%)	125 (21.4%)	99 (17.0%)	39 (6.7%)	229 (39.3%)	3.33
	农产品质量安全意识	90 (15.4%)	114 (19.6%)	121 (20.8%)	57 (9.8%)	201 (34.5%)	3.28
	农业政策理解与执行	110 (18.9%)	127 (21.8%)	116 (19.9%)	34 (5.8%)	196 (33.6%)	3.14
持续学习能力	主动学习意愿	396 (67.9%)	83 (14.2%)	36 (6.2%)	33 (5.7%)	35 (6.0%)	1.68
	农业知识学习	381 (65.4%)	100 (17.2%)	15 (2.6%)	42 (7.2%)	45 (7.7%)	1.75
	农业生产技能学习	28 (4.8%)	161 (27.6%)	296 (50.8%)	52 (8.9%)	46 (7.9%)	2.87

3.3.1　个人基础素质分析

由表 3-7 可知，个人基础素质维度各二级要素得分均值在 3.77 以上，其中乐观自信（4.20）、责任心（4.25），处于相对较高水平，此两项二级要素得分在 4 至 5 分的高达 85% 以上，从一方面也反映了古往今来农民善良朴素的形象；沟通理解能力（3.85）、生产计划能力（3.83）、语言表达能力（3.77）还需提升，普通农民相互之间交往和沟通不存在问题，但在与农业专家、农技人员交流时仍有一定的障碍，特别是年长农民在参加培训时对知识的理解有一定的难度。因此，在保持和发扬农民优良传统美德的同时，要注重提升农民的沟通、理解、表达能力，重视农民彼此间、与专家学者间的交流与互动。

3.3.2　现代经营意识分析

现代经营意识是小农户面向市场、适应市场竞争不可或缺的能力。由表 3-7 可知，二级要素中，诚信经营意识（3.23）、信息收集与处理（3.01）、风险意识（3.30）三项达到了 3.0 以上水平，说明随着时代的发展，农民对信息的获取有了明显的改善，抵抗市场风险的能力还有待提高；对于品牌、市场、竞争等三方面的意识相对缺乏，农民关注生产但不重视农产品品牌建设，不懂得营销，面对激烈的市场竞争往往束手无策。因此，对品牌、市场、竞争意识与能力的提升非常迫切。

3.3.3　现代农业素养分析

中央提出要推进农业绿色发展，持续推进化肥农药减量增效，才能从源头上控制农业污染。因此，小农户现代农业素养水平显得尤为重要。由表3-7可以看出，所有二级要素均值均在3.14以上，其中环保意识均值达到3.68，处于相对较高的水平；依次为法律意识（3.33）、农产品质量安全意识（3.28）、农业政策理解与执行（3.14）。显示农民对于农业绿色发展有较浅表的了解，但缺乏深入认识和行动落实。因此，迫切需要培养农民掌握农作物病虫害绿色防控产品和技术，贯彻绿色农业、可持续农业的理念。

3.3.4　持续学习能力水平分析

自主学习意识和学习能力是小农户掌握技术的关键。由表3-7可知，所有二级要素均值小于3，依次为农业生产技能学习（2.87）、农业知识学习（1.75）、主动学习意愿（1.68），显示小农户对农业生产技能的学习愿意相对稍高，但缺乏主动学习的意愿，对农业知识学习的能力非常弱。因此，要提升小农户的能力，促进小农户融入现代农业发展，关键要提高农民主动学习的意愿，提升农民学习农业知识和掌握农业生产的技能。

3.4　小农户融入现代农业发展能力影响因素分析

采用回归分析、方差分析，分析个体特征、从业年限、参加培训、外出务工等小农户融入现代农业发展能力的影响因素。

3.4.1　回归分析

采用 SPSS 19.0 对小农户融入现代农业发展能力的影响因素进行回归分析，结果如表3-8所示，F 值为75.308，且在1%统计水平上显著，说明回归效应显著，回归方程有效。进一步分析可知，性别、文化程度、政治面貌、从事农业年限、参加培训次数及外出务工年限通过显著性检验（$P<$ 0.01），显示受访男性的能力高于女性；文化程度越高的小农户融入现代农业发展能力越高，其学习知识技能的能力也相对更强。非党员群体其年龄与文化程度相对较高，容易接受新事物、新知识，因而其能力相对较高。农民从事农业年份越长外出经历较少、年龄相对较大其能力相对较弱。参加培训次数较多，学习到的新技术、新知识就越多；外出务工经历越丰富，越有利于小农户积累丰富的实战经验；因而有利于小农户融入现代农业发展能力的提升。

表 3 - 8　小农户融入现代农业发展能力影响因素回归分析

变量	非标准化系数		T	F	调整后 R^2	VIF
	B	标准误差				
性别	−0.243	0.066	−3.691***			
年龄	−0.020	0.019	−1.059			
文化程度	0.178	0.027	6.692***			
政治面貌	0.303	0.065	4.700***	75.308***	0.472	≤1.964
从事农业年限	−0.057	0.017	−3.356***			
参加培训次数	0.254	0.024	10.505***			
外出务工年限	0.048	0.013	3.639***			

注：*、**、***分别表示在 10%、5%、1%的统计水平上显著。

3.4.2　方差分析

采用方差分析进一步分析不同性别、文化程度、政治面貌、从事农业年限、参加培训次数及外出务工年限的小农户融入现代农业发展能力的差异性。

（1）不同性别小农户融入现代农业发展能力的差异性分析。经方差分析结果如表 3 - 9 所示，性别组间差异显著（显著性<0.05），其中现代农业素养效应量最大，Eta 方值为 5.8%，且男性在 4 个一级要素中均要强于女性，显示男性具有更强的现代管理经营意识，更高的现代农业素养和更强的能力。这和我国男尊女卑的传统思想有一定关系，新中国虽然提倡男女平等，但在农村许多地方家庭对男孩的教育培养要高于女孩，许多成年人仍遵

行男主外、女主内，更多男性在外打拼。

表 3-9　不同性别小农户融入现代农业发展能力的方差分析（N=583）

因变量	男（N=386）		女（N=197）		显著性	Eta	Eta 方
	均值	标准差	均值	标准差			
个人基础素质	4.037	0.644	3.859	0.702	0.002	0.126	0.016
现代经营意识	3.121	1.204	2.635	1.248	0.000	0.185	0.034
现代农业素养	3.569	1.153	2.942	1.266	0.000	0.241	0.058
持续学习能力	2.201	0.915	1.900	0.740	0.000	0.164	0.027

（2）不同文化程度小农户融入现代农业发展能力的差异性分析。经方差分析结果如表 3-10 所示，文化程度组间差异显著（显著性<0.05），其中现代经营意识效应量较大，Eta 方值为 28.3%。表明大专及以上文化程度的小农户，在现代经营意识、个人素质、现代农业素养、持续学习能力等四个方面均强于其他受教育程度的农民；小农户受教育程度越高，其现代经营意识越强、融入现代农业发展能力越高。

表 3-10　不同文化程度小农户融入现代农业发展能力的方差分析

一级要素	文化程度	N	均值	标准差	显著性	Eta	Eta 方
个人基础素质	小学及以下	181	3.674	0.717			
	初中	233	3.979	0.567			
	中专	31	4.284	0.453	0.000	0.367	0.134
	高中	67	4.218	0.662			
	大专及以上	71	4.380	0.575			
现代经营意识	小学及以下	181	2.144	0.863			
	初中	233	2.979	1.180			
	中专	31	3.731	1.041	0.000	0.532	0.283
	高中	67	3.488	1.169			
	大专及以上	71	4.117	0.938			
现代农业素养	小学及以下	181	2.579	1.112			
	初中	233	3.467	1.135			
	中专	31	3.742	0.939	0.000	0.479	0.229
	高中	67	3.881	1.106			
	大专及以上	71	4.320	0.822			

（续）

一级要素	文化程度	N	均值	标准差	显著性	Eta	Eta 方
持续学习能力	小学及以下	181	1.702	0.469			
	初中	233	2.064	0.842			
	中专	31	2.387	0.911	0.000	0.413	0.171
	高中	67	2.383	0.811			
	大专及以上	71	2.836	1.157			

（3）不同政治面貌小农户融入现代农业发展能力的差异性分析。经方差分析结果如表 3-11 所示，政治面貌组间差异显著（显著性<0.05），其中现代农业素养效应量最大，Eta 方值为 5.8%。说明不同政治面貌的小农户融入现代农业发展能力存在差异，非党员农民在 4 个一级要素中均要强于党员农民。进一步分析发现，受访非党员农民数为 377 人，所占比例为 64.7%，远高于党员农民（党员农民 206 人，仅占 35.3%）。受访党员农民中 50 岁以上的为 121 人，占 58.7%，高于非党员农民（非党员农民 156 人，仅占 41.4%）；小学文化程度 77 人，占比 37.3%，高于非党员农民（非党员农民小学 104 人，占比 27.5%）；初中文化程度人数为 78 人，占比 37.8%，远低于非党员农民（非党员农民初中文化程度为 155 人，占比 41.1%）。显示当前农村党员农民数量少，党员农民年龄较大、文化程度偏低，因此党员农民融入现代农业发展能力弱于非党员。年轻人更容易接受新事物、新思想，对现代经营管理意识及农业素养更为敏感，学习欲望更强烈，能力提升更快，因此，我们必须吸收更多文化程度较高的年轻农民加入党组织，使农民党员队伍朝年轻化、知识化发展，永葆农村党员队伍的先进性和战斗力。

表 3-11　不同政治面貌小农户融入现代农业发展能力的方差分析（N=583）

一级要素	党员（N=206）		非党员（N=377）		显著性	Eta	Eta 方
	均值	标准差	均值	标准差			
个人素质	3.827	0.690	4.058	0.643	0.000	0.126	0.016
现代经营管理意识	2.505	1.164	3.204	1.212	0.000	0.185	0.034
现代农业素养	3.057	1.186	3.521	1.221	0.000	0.241	0.058
持续学习能力	1.995	0.858	2.156	0.874	0.032	0.164	0.027

（4）不同从业年限小农户融入现代农业发展能力差异性分析。经方差分析结果如表 3-12 所示，不同从业年限组间差异显著（显著性<0.05），其中现代经营意识效应量最大，Eta 方值为 25.3%。从事农业年限 5 年以下的农民在现代经营意识、现代农业素养、持续学习能力三个要素上更强一些，这主要和年龄、受教育程度有关，从事农业年限较短的农民年龄较小、受教育程度较高，因而其经营管理意识和职业素养较高，学习意愿更强及对农业知识的掌握程度相对较高。从事农业年限 6~10 年的农民对比其他农民个人基础素质更强，主要因为这部分农民年龄多数处在中青年时期，正是壮年，他们在积累一定经验，掌握一定农业知识技能的前提下，更善于展示自己的优势，将所学的知识技能运用到日常生产经营中，并带动周围农户参与其中、共同致富。

表 3-12　不同从业年限小农户融入现代农业发展能力的方差分析（$N=583$）

一级要素	从业年限	N	均值	标准差	显著性	Eta	Eta 方
个人基础素质	5 年以下	140	4.180	0.635			
	6~10 年	76	4.187	0.539			
	11~15 年	44	4.055	0.500	0.000	0.273	0.074
	16~20 年	26	4.146	0.626			
	20 年以上	297	3.801	0.694			
现代经营管理意识	5 年以下	140	3.829	1.087			
	6~10 年	76	3.443	1.077			
	11~15 年	44	3.277	1.096	0.000	0.503	0.253
	16~20 年	26	2.846	1.128			
	20 年以上	297	2.384	1.061			
现代农业素养	5 年以下	140	3.963	1.054			
	6~10 年	76	3.727	1.079			
	11~15 年	44	3.585	1.017	0.000	0.271	0.073
	16~20 年	26	3.183	1.133			
	20 年以上	297	2.959	1.229			
持续学习能力	5 年以下	140	2.379	0.946			
	6~10 年	76	2.346	0.832			
	11~15 年	44	2.333	0.988	0.000	0.271	0.073
	16~20 年	26	1.949	0.978			
	20 年以上	297	1.883	0.751			

（5）不同培训经历小农户融入现代农业发展能力的方差分析。经方差分析结果（表 3-13）显示，培训经历组间差异显著（显著性＜0.05），其中持续学习能力效应量最大，Eta 方值为 29.4%。参加过培训的农民在 4 个一级要素中均要强于未参加过培训的农民，整体来说参加培训次数越多的农民各方面的能力显著较高，但最有效的培训次数是 3 次，显示要对小农户进行培训，但不是参加培训次数越多越好，而是参加适合他们特点、满足他们需要的培训。

表 3-13　不同培训经历小农户融入现代农业发展能力的方差分析（N＝583）

一级要素	培训次数	N	均值	标准差	显著性	Eta	Eta 方
	无	385	3.828	0.661			
	参加 1 次	67	4.254	0.551			
个人基础素质	参加 2 次	41	4.205	0.603	0.000	0.315	0.099
	参加 3 次	29	4.400	0.478			
	参加 4 次及以上	61	4.259	0.655			
	无	385	2.528	1.085			
	参加 1 次	67	3.935	1.003			
现代经营管理意识	参加 2 次	41	3.435	1.358	0.000	0.494	0.244
	参加 3 次	29	4.103	0.855			
	参加 4 次及以上	61	3.721	1.032			
	无	385	2.958	1.170			
	参加 1 次	67	3.985	0.900			
现代农业素养	参加 2 次	41	3.896	1.132	0.000	0.464	0.215
	参加 3 次	29	4.388	0.639			
	参加 4 次及以上	61	4.336	0.875			
	无	385	1.779	0.568			
	参加 1 次	67	2.488	0.877			
持续学习能力	参加 2 次	41	2.593	1.048	0.000	0.542	0.294
	参加 3 次	29	2.644	0.859			
	参加 4 次及以上	61	3.104	1.100			

（6）不同外出务工年限小农户融入现代农业发展能力差异性分析。经方差分析结果如表 3-14 所示，外出务工组间差异显著（显著性＜0.05），其

中现代经营管理意识效应量最大，Eta 方值为 15%。有外出务工经历的农民其融入现代农业发展能力较强，因为外出务工的农民在大城市的熏陶下，更容易接收到新事物、新思想，有更大的发展空间，进而有更多的机会提升自己的能力，但外出务工年限不是越长越好，外出务工 10 年以上的各项能力呈下降趋势，因为外出务工时间越长年龄越大，接受新事物、新思想、新技术的意识与能力也会下降。

表 3-14　不同外出务工小农户融入现代农业发展能力的方差分析（N＝583）

一级要素	务工年限	N	均值	标准差	显著性	Eta	Eta 方
个人基础素质	无	215	3.791	0.703			
	1 年以下	17	3.824	0.612			
	1～5 年	124	4.118	0.611	0.000	0.229	0.053
	6～10 年	93	4.151	0.584			
	10 年以上	134	4.043	0.658			
现代经营管理意识	无	215	2.367	1.058			
	1 年以下	17	2.726	1.181			
	1～5 年	124	3.543	1.148	0.000	0.387	0.150
	6～10 年	93	3.269	1.192			
	10 年以上	134	3.174	1.245			
现代农业素养	无	215	2.851	1.212			
	1 年以下	17	3.485	1.187			
	1～5 年	124	3.718	1.087	0.000	0.317	0.101
	6～10 年	93	3.616	1.176			
	10 年以上	134	3.640	1.161			
持续学习能力	无	215	1.802	0.605			
	1 年以下	17	2.118	0.754			
	1～5 年	124	2.489	1.026	0.000	0.298	0.089
	6～10 年	93	2.215	0.963			
	10 年以上	134	2.134	0.868			

3.5　小农户融入现代农业发展能力与生产绩效

研究发现，人力资本禀赋等是农民提高绩效的重要因素，人力资本不仅指知识，还包括特定产业及其相关的工作经验和技能。能力与工作绩效相联系，能够对未来的工作业绩进行预测，是一种综合能力，它与工作岗位相关，是员工为完成岗位任务而需要具备的知识、技能和理念。员工对工作表现的胜任能力，能更有效地决定员工工作绩效的高低（McClelland，1973），员工的素质能力能够带来企业绩效和竞争地位的提升，因为高素质的员工具有更多的文化基础知识和精深的专业学科知识（赵曙明，2012）。农民的学习能力越强，其市场导向程度就越高，创新意识就越强，其经营绩效也就越理想（耿献辉、刘志民，2013）。小农户融入现代农业发展能力是驱动农民更好地从事农业生产经营活动的个性特征的集合职业能力，要提升务农效益和竞争力，须持续提升小农户技能素质和经营管理能力（邓雪霏、卢博宇和徐子荐，2020）。

3.5.1　小农户生产绩效指标验证

当前学术界还没有统一的标准来衡量绩效维度，学者在不同视角下所提出的维度不同，测量绩效的方法也有所不同，有学者认为，绩效应同时衡量经济绩效和社会绩效两个方面，在经济绩效方面，通常用企业成长性和企业盈利能力来衡量企业绩效，在社会绩效方面，考虑对社会产生的效果和社会成员满意度两个衡量指标（黄胜忠、张海洋，2014）。我国农民生产绩效受到越来越多的学者关注，但对农民绩效指标的选取也是多角度的，将农民绩效和利润、就业和对社会的影响力等纳入评价范围内（孙红霞、孙梁和李美青，2010）。有学者考虑计量指标可获取性的基础上，选取了生产发展、生活富裕和村庄整洁这三个指标，分别用农民收入水平、农民消费水平和农民生活状况来衡量绩效（张银、李燕萍，2010）；有学者将农民绩效分解为经营能力提升、新技术采用项数、农业收入提高、组织化程度，并通过计量模型研究培训机构服务供给对农民绩效的影响（徐金海、蒋乃华和胡其琛，2014），也有学者认为研究农民绩效主要表现在诸如带动农村就业、改善农村产业结构等社会效益和促进农民增收等个人和经济效益两方面（周菁华、谢洲，2012）。基于本课题研究对象为农民，与一般企业员工不同，结合农民身份的特点，沿用上述国内学者的观点，认为生产绩效是农民在从事农业生产过程中完成某项任务或达到某个目标的程度，最终选取收入情况、农产品盈利情况、农产品销路、辐射能力作为测量指标。

（1）生产绩效量表的信度与效度分析。在信度检验中，绩效量表的 α 系数为 0.708，量表的信度较高，由此可以说明问卷量表的各题项内部一致性较高，量表具有良好的信度。在效度检验中，绩效量表 KMO 值为 0.713，均大于 0.6，Bartlett 近似卡方为 475.395，自由度为 6，且 Bartlett 球形检验的 Sig. 值均为 0.000，小于 0.05，因此说明变量之间不是相互独立，具有相关性，适合做因子分析。通过探索性因子分析可知，特征值大于 1 的因子只有一个，解释的变异数为 55.026%，累计解释变异数为 55.026%。由此说明可以聚合成为一个主因子，且由于只抽取了 1 个成分，无法旋转，说明通过前文文献梳理选取的农民绩效指标：收入情况、盈利情况、农产品销路及辐射能力可以解释绩效这一变量（表 3 - 15）。

表 3 - 15　绩效量表解释的总方差

成分	初始特征值			提取平方和载入		
	合计	方差的 %	累积 %	合计	方差的 %	累积 %
1	2.201	55.026	55.026	2.201	55.026	55.026
2	0.764	19.097	74.123			
3	0.594	14.852	88.975			
4	0.441	11.025	100.000			

（2）共同方法偏差检验。主要使用单一的自评问卷对小农户融入现代农业发展能力和生产绩效两个变量进行测量，可能会由于同源效应、题目特点或背景效应而出现共同方法偏差，从而影响两个变量之间作用关系的解释，因此，采用 Harman 单因素检验和潜在误差变量控制法对数据样本进行共同方法偏差检验。结果表明，因子特征值大于 1 的项目共有 5 个，第一个公因子的方差解释率为 40.470%，与临界值 40% 接近，说明有存在共同方法偏差的可能。

为了进一步验证是否存在共同方法偏差，采用较为严格的单一方法潜因子途径通过 AMOS 21.0 在结构方程模型中加入共同因子 G 进行共同方法偏差检验，结果发现，未加入共同因子 G 的模型 $\chi_1^2 = 1\,067.613$，$df_1 = 199$，加入共同因子 G 的模型 $\chi_2^2 = 652.199$，$df_2 = 177$，将两个模型 χ^2 和 df 做差，得到 $\Delta\chi^2 = 415.414$ 和 $\Delta df = 22$，所得的 $p > 0.05$，结果不显著。因此，可以认为自设量表不存在严重的共同方法偏差，具体如表 3 - 16 所示。

表 3 - 16　结构方程模型共同偏差检验

模型	χ^2	df	p
未加入 G 因子模型	1 067.613	199	
加入 G 因子模型	652.199	177	
模型之差	415.414	22	$p>0.05$

3.5.2　小农户融入现代农业发展能力对生产绩效的影响

（1）相关性分析。相关分析主要用于解释变量之间的相关程度，它可以初步揭示因素之间是否存在相对紧密的联系，并指出变量之间因果关系的方向。通过 Pearson 相关性分析小农户融入现代农业发展能力四个维度与绩效的相关关系，具体见表 3 - 17。

表 3 - 17　变量相关性分析

	现代经营意识	个人基础素质	现代农业素养	持续学习能力	小农户融入现代农业发展能力总体	生产绩效
现代经营意识	1					
个人基础素质	0.486**	1				
现代农业素养	0.688**	0.509**	1			
持续学习能力	0.567**	0.362**	0.523**	1		
小农户融入现代农业发展能力总体	0.867**	0.717**	0.859**	0.760**	1	
生产绩效	0.609**	0.352**	0.526**	0.559**	0.642**	1

注：** 表示在 0.01 水平（双侧）上显著相关，$N=583$。

由表 3 - 17 数据显示，小农户融入现代农业发展能力内部维度中现代经营管理意识、个人基础素质、现代农业素养、持续学习能力之间存在着显著的正相关关系，说明各维度之间相互联系，相互依存，表明小农户融入现代农业发展能力各维度不是孤立存在的，存在内部的逻辑性。此外，小农户融入现代农业发展能力的各个维度也与小农户融入现代农业发展能力总体存在着正相关的显著关系，且相关系数均大于 0.5，因此我们可以认为现代经营意识、个人基础素质、现代农业素养、持续学习能力是小农户融入现代农业发展能力的重要组成。

从表 3 - 17 中我们可以看到，小农户融入现代农业发展能力各维度都与生产绩效之间存在着正向的 0.01 水平上的显著关系，表明小农户融入现代农业发展能力与生产绩效之间存在着内在的关联，其中，现代经营意识与生产绩效的相关系数最高，为 0.609。小农户融入现代农业发展能力总体与生产绩效之间也存在着 0.01 水平上的显著相关，相关系数为 0.642，表明小农户融入现代农业发展能力总体水平能较好地预示其生产绩效。

（2）回归分析。进一步分析小农户融入现代农业发展能力对生产绩效的预测作用，以生产绩效为因变量，性别、从业年限、年龄为控制变量，小农户融入现代农业发展能力为自变量放入回归方程，分析结果如表 3 - 18 所示。

表 3 - 18　小农户融入现代农业发展职业能力与生产绩效的回归分析

变量		绩效		
		模型 1	模型 2	模型 3
控制变量	性别	-0.279^{**}	-0.050	-0.059
	从业年限	-0.070^{**}	0.007	0.010
	年龄	-0.052^{**}	0.146^{***}	-0.036^{**}
自变量	现代经营意识		0.296^{***}	
	个人基础素质		0.000	
	现代农业素养		0.098^{**}	
	持续学习能力		0.249^{***}	
	小农户融入现代农业发展职业能力			0.622^{***}
模型指标	调整后 R^2	0.132^{***}	0.470	0.448^{***}
	F 值	30.376^{***}	74.768^{***}	118.892^{***}
	VIF	$\leqslant 1.765$	$\leqslant 2.461$	$\leqslant 1.883$

注：*、**、*** 分别表示 p 值在 10%、5%、1% 的统计水平上显著。

分析表 3 - 18 模型 2 可知，现代经营管理意识、职业素养、持续学习能力三个维度的回归系数 p 值均小于 0.05，因此拒绝回归系数等于 0 的假设，证明现代经营意识、现代农业素养、持续学习能力三个维度对于绩效具有不同程度上的正向作用，且 F 值均达到 1‰统计水平上显著，表明回归效应显著。其中现代经营管理意识的影响力最强，标准系数为 0.296，其次是持续学习能力，标准系数为 0.249，对绩效影响最弱的是现代农业素养，标准系数仅为 0.098。

分析表 3-18 模型 3 可知，小农户融入现代农业发展能力回归系数的 p 值在 1‰统计水平上显著，说明小农户融入现代农业发展能力对生产绩效具有显著影响，回归系数为 0.622，表现为正相关关系，即小农户融入现代农业发展职业能力越高，生产绩效越好。F 值为 118.892，且在 1‰统计水平上显著，说明回归效应显著，回归方程有效。调整后 R^2 值近似于 0.5，说明模型拟合优度为一般，尚过得去。

3.6　结论与建议

综合以上分析可知，小农户融入现代农业发展能力包括经营管理意识、个人基础素质、现代农业素养、持续学习能力四个方面。小农户融入现代农业发展能力总体水平对生产绩效有显著正向影响，其中现代经营意识、现代农业素养、持续学习能力三个方面的能力水平均正向影响小农户的生产绩效。

通过对清远 583 份样本进行分析可知，当前小农户融入现代农业发展能力总体水平均值为 3.10，个人基础素质维度评价最高（3.98），其次是现代农业素养（3.36）、现代经营意识（2.96），持续学习能力水平最低（2.10），显示当前小农户有一定的基础素质，但现代经营意识薄弱、持续学习能力较低。经回归和方差分析，不同性别、文化程度、政治面貌、从事农业年限的小农户其融入现代农业发展能力有显著差异，年青、文化程度较高的小农户其能力显著较高；非党员群体中文化程度较高的年轻人较多，所以其能力显著高于党员；从事农业年限对小农户融入现代农业发展能力水平具有显著的影响，从事农业年限 5 年以下的农民在现代经营管理意识、现代农业素养、持续学习能力三个维度水平均较强于其他农民。一定的外出务工经历、学习培训次数能显著促进小农户能力的提升，小农户在农业发展过程中，参加政府组织集中培训，有利于农户对农业知识、农业技能及国家农业政策的掌握，有利于农民更好地发展农业，提高农业生产绩效；外出务工经历对于农户来说，能够增长见识，结识更多的人脉，农民积累到一定经验后有助于其提升能力，进而返乡创业，打造属于自己的农业品牌。综上，针对如何提高小农户融入现代农业发展提出以下建议：

（1）要设计符合农民特点的培育路径，创新培训方式，加强小农户学习氛围的营造，提高小农户自主学习的意识，提升持续学习的能力，提升农民现代农业素养和现代经营管理意识，将更多小农户培育成懂管理、善经营的新型农业经营主体，着重扶持培养一批农业种养能手、农村青年创业致富带头人，促进小农户与现代农业发展有机衔接。

（2）加强农村党建，要吸收高素质的青年农民加入党组织，加强基层党员队伍活力，要不拘一格将年轻、有文化、懂科技、有经营管理经验的人才选拔到村里领导岗位上来，推动各类人才投身乡村振兴主战场，有效促进乡村振兴。

第 4 章 高素质农民培育效能评价
——基于广东的调研

　　培育高素质农民作为破解乡村发展人才瓶颈，推进我国农业发展动能转换，实现乡村振兴的重要抓手之一。在党和政府的号召下，我们各地政府高度重视，高素质农民培养如火如荼开展。广东省按照"科教兴农、人才强农"的战略部署，以推进农业供给侧结构性改革为主线，突出目标导向、需求导向和问题导向，提高高素质农民培育工作的针对性、规范性、有效性和覆盖面，加快高素质农民培育进度，培养一大批爱农业、懂技术、善经营的高素质农民。

4.1 广东高素质农民培育机制

4.1.1 压实县农业农村局的培训主体责任

　　项目县农业农村局是高素质农民培育主体，负责围绕乡村振兴和现代农业发展制定高素质农民发展规划和培育计划，组织实施高素质农民培育工作，落实年度培育目标任务，组织公开遴选培训机构，确定培育实施方案，广泛宣传发动，积极发动学员参加培训，认真做好培训监督管理，督促培训机构严格按照实施方案的要求做好培训和资金使用，并积极做好高素质农民认定和跟踪服务等日常业务管理工作。

4.1.2 分类选拔培育对象

　　以县域为单元，围绕乡村振兴和现代农业发展制定高素质农民发展规划和培育计划，依托产业分类选拔培育对象：围绕县域主导和特色产业培育生产经营型高素质农民，保障粮食等重要农产品生产；围绕农业企业和农民专业合作社用工需求，培育专业技能型高素质农民，提高名特优新品和高质量农产品生产水平；围绕土地托管、农机作业、植保收获等社会化服务，培育专业服务型高素质农民；围绕休闲观光、农村电商等新产业新业态，培育创业型高素质农民。

4.1.3　实行模块式教学

高素质农民培训分为高校教学、电商教学、农业实训教学三个模块，可分段实施，也可连续实施：

第一模块为高校教学模块。为提高农民综合素质，圆农民大学梦，为规范管理和统一标准，要求培训机构组织学员到涉农高校（如：华南农业大学、仲恺农业工程学院、广东科贸职业学院、佛山科技学院、广东海洋大学）参加学习，通过高校教学模块，圆农民上大学梦。

第二模块为电商教学模块。为提升农民的企业管理、运营和销售水平，为学员提供农产品电商销售和融资对接平台，为统一电商基地的档次和标准，要求培训机构组织学员到电商基地（企业）观摩、实践、交流、学习，并聘请2个以上省级电商基地（企业）高管或知名融资企业高管为农民现场授课，主要讲授农产品电商销售专题或农业企业融资专题课。

第三个模块为农业实训教学。要求培训机构组织学员到省级龙头企业、农业产业园、合作社、家庭农场，或省级高素质农民培育示范基地（实训基地、田间学校、创业孵化基地）进行实训、观摩、交流和学习，并聘请相应企业高管现场授课，主要讲授现代农业经营管理专题课等。

通过以上三个教学模块，实现课堂理论教学与现场观摩实践相结合，旨在提高教学效果。

4.2　广东高素质农民培育的效能评价

广东省于2013年开始推进高素质农民培育工作，由于农业生产存在特定规律特性，农民不宜长时间离开岗位，因此短期专题培训是高素质农民培训最常见的模式。广东高素质农民培训的主要形式是地方政府发布培训招标公告，由培训机构竞标，应标单位分高校教学、电商教学、实训教学三个模块开展短期培训。培训的效能因农民个体、家庭和产业特征而异（徐金海、蒋乃华和胡其琛，2014），构建科学的高素质农民培训效能评价体系是提升培训工作精准性和服务水平的应然举措。为此，课题组设计了《高素质农民培训效能评价量表》，以广东四地高素质农民培训班学员为研究对象，进行培训效能评价，并分析其影响因素。

4.2.1　评价模型构建与量表设计

国外学者对培训评估的研究比较系统，如 Kirkpatrick 的四层次模型（简称柯氏模型）是当前培训评估研究的重要基础，该模型从培训者的反应、学习、行为和结果四个层次分析对整个组织的影响。Richard 等人对柯氏模型进行了扩展研究，如 Kaufman 型、CIRO 模型和 CIPP 模型等，这些研究成果对培训评估实施过程具有重要的启示作用。国内已有学者尝试借鉴柯氏评估模型的顾客满意度指数模型来综合设计农民培训满意度评估模型，如陆泉志、陈明伟等（2019）以青年农场主为对象构建培训绩效评价模型，包括感知绩效、感知成本、信任、培训满意度及培训忠诚五个维度。然而实际上柯氏模型并未提及与解释培训绩效的影响因素及其作用机制，也没有扎实的理论基础，所以部分学者认为其仅是一个分类体系（Holtom，1996）。在柯氏模式基础上所扩展得来的 CIRO、CIPP 等模型虽然一定程度上解决了上述问题，但其又过分聚焦于对培训过程的评估，在评估培训综合效果方面说服力不够（李宝值等，2018）。后面的 BF 模型（Baldwin&Ford，1988）和 Holton 模型（Holtom，1996）兼顾了过程与结果评估，但其在一些培训场景中仍然存在不少局限性。学术界已然存在多种培训绩效评价模型，但迄今引用频率最高的仍然是柯氏模型。在实际研究中选取模型并无明确的评判标准，必须综合研究目的、对象特征及模型特点等多方面的因素来选择。

在高素质农民培训效能评估中，选择什么样的评估模型必须结合农民的特征、关注点、培训的现实情况及目标来进行设计。课题组在与广东省高素质农民培训班学员的访谈中了解到，学员关注的重点是培训的内容是否满足需要，老师授课的内容方式是否容易理解、能学以致用，现场教学点是否有借鉴和示范作用、班级管理是否规范等。经与政府工作人员沟通了解到，政府部门对培训的期望不仅是让农民感到满意，更为重要的是期望能切实提高农民的技能和信心，开拓农民的眼界与思维，激发其持续学习动力，组织培训实际上也是为农民搭建一个平台，并依靠这个平台助力农民持续成长。因此在对高素质农民培训效能评价时，除了要考虑学员在反映层面的关注重点和学习层面的即时效果，还要考虑培训效果对其的持续影响力。本书借鉴柯氏模型的层次评估理念，并参照周小刚等（2013）的做法，构建了包含影响因子层、即时效能层和持续效能层，内容匹配度、课堂质量、组织管理与服务、培训效果感知和持续影响力3个层次5个变量的评价模型（图4-1）。

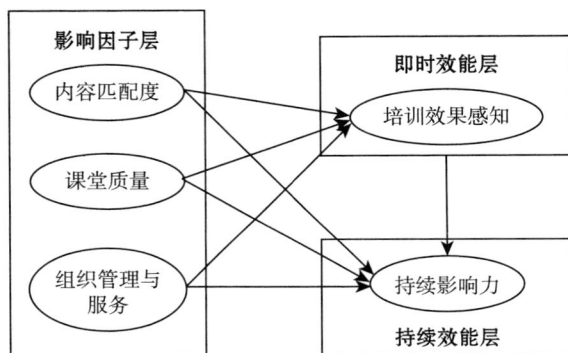

图4-1　高素质农民培训效能评价模型

结合模型，根据当前农民对培训的诉求及政府组织高素质农民培训的目的要求，综合设计了《广东高素质农民培训效能评价量表》。通过以河源高素质农民培训班为对象进行预调研，获得有效问卷84份，经信度、效度检验和因子分析，删除不合适的项后，获得最终的《高素质农民培训效能评价量表》。分为3个层次、5个潜变量（维度）、24个观察变量，观察变量均采用李克特5点量表进行测量（表4-1）。

（1）效能影响因子层。效能影响因子层包括：内容匹配度、课堂质量、组织管理与服务。

内容匹配度。主要包括培训内容与农民是否相符，是否可以弥补农民知识的不足，是否可以帮助农民了解农业发展的趋势等。针对性开展培训是培训效果的前提保障。培训内容适应性、针对性、前沿性对培训效果的即时感知、培训的持续影响力有直接的影响。

表 4 - 1　高素质农民培训效能评价变量

效能评价	潜变量	观察变量条目	观察变量内容
效能影响因子	内容匹配度	CM1	培训内容与我从事的职业相符合，能学以致用
		CM2	培训内容是我最想要的，可以弥补我知识的不足
		CM3	培训内容比较前沿，能帮助我了解当前发展趋势
		CM4	培训内容针对性强，能满足我的需要
		CM5	培训方式灵活多样，比较适合学员的学习
	课堂质量	QT1	老师教学经验丰富，善于调动课堂气氛，激发学习热情
		QT2	老师讲课方式多样，语言风趣，通俗易懂
		QT3	培训中，我注意力集中，没有看手机等现象
	组织管理与服务	OS1	教学设备先进，学习环境舒适
		OS2	课堂教学与现场教学时间安排合理
		OS3	提供的就餐和住宿良好，生活环境方便、舒适
		OS4	带班管理人员态度好、服务周到
即时效能	培训效果感知	EF1	通过培训，开阔了视野，增长了见识
		EF2	通过培训，开拓了思维，对工作有了新的认识和想法，能帮助我进一步明确工作思路、努力方向
		EF3	通过培训，增强了业务知识和技能的掌握
		EF4	通过培训，提升了搞好农业生产或经营管理的信心
		EF5	通过培训，我熟悉了一批农业专家、教授
		EF6	通过培训，我结识了一批同行、朋友
持续效能	持续影响力	AF1	我会向亲友、同行分享学习经历和收获
		AF2	我会向亲友、同行推荐，鼓励他们参加培训学习
		AF3	我会积极反馈培训中存在的不足，希望越办越好
		AF4	以后有机会我还想来参加培训学习
		AF5	我会邀请培训班的教授、专家到当地指导
		AF6	我会和培训班学员保持联络，共同探讨和切磋

课堂质量。要从学员注意力是否集中、是否能听懂、老师是否能调动学员学习热情等来衡量，课堂质量是保证培训效果的关键因素之一。此外，课题质量高能给予学员更为深刻的学习印象及收获，能激发起其持续学习的动力，为其日后的工作学习带来更多影响。

组织管理与服务。主要包括学员对学习环境、学习时间安排、生活环境、班级服务等方面进行评价。课程与师资的配置、现场教学点的安排等的精准性，对增强培训效果的即时感知、持续影响力有直接的影响。

（2）即时效能层。即时效能层最直观的体现是培训效果感知。主要从学员对知识与技能的掌握、职业信心的提升、工作思路的开拓及智力资源（专家、同行）的积聚等方面进行评价。培训效果感知对学员是否愿意分享学习经历与收获、是否愿意重往课堂、是否与专家学者及同行保持持续的互动有显著的影响，即培训是否具有持续的影响与培训效果的即时感知直接相关。

（3）持续效能层。持续效能层指的是培训后的持续影响力。主要从学员能够主动向亲友、同行分享学习经历和收获，并鼓励他们参与培训；能积极反馈培训存在的不足，希望培训越办越好，自身能持续参与培训；学员培训后会邀请培训班的教授、专家到当地指导，并且能和培训班学员保持联络，共同探讨和切磋等方面来评价。

4.2.2 样本采集与信度、效度检验

（1）样本采集及特征分析。2019年1月至2019年6月，课题组以华南农业大学承接的曲江、河源、连州、连南四地高素质农民培训班学员为对象进行问卷调研，采集数据，获得有效问卷411份，回收有效率为73.39%，样本特征如表4-2所示。受访学员81.51%为男性，女性仅为18.49%。年龄分布以中青年为主，50岁以上的仅为20.20%。文化程度以初、高中为主；小学文化程度仅为1.22%，主要是55岁以上的老年人；大专比例为17.03%、本科及以上为8.03%。以农业收入为主的43.07%、以农业和非农收入为主的为33.82%，显示农业收入是农民主要收入来源；年收入在5万及以下的比例为28.22%，6万~10万的比例为28.71%，显示农民整体收入比较低；有20.44%的家庭年收入20万元以上。

（2）信度和效度检验。采用SPSS 25.0和Amos 21.0进行信度和效度检验，结果显示KMO值为0.938，Bartlett球形检验的显著性概率P为0.000，说明样本适合做因子分析。对量表进行信度分析，整体量表的Cronbach'α系数为0.773，各设定维度的Cronbach'α系数在0.672~0.897，表明量表具有较好的信度。各维度的复合信度CR值介于0.70~0.87，远大于临界值0.5，表明量表具有良好的内部一致性，量表的可靠性得到进一步确认（表4-3）。

表 4-2 样本基本情况（N＝411）

	特征	样本数（人）	百分比		特征	样本数（人）	百分比
性别	1. 男	335	81.51%	文化程度	1. 小学以下	5	1.22%
	2. 女	76	18.49%		2. 初中	129	31.39%
年龄	1. 25 岁以下	14	3.41%		3. 中专	55	13.38%
	2. 25～30 岁	44	10.71%		4. 高中	119	28.95%
	3. 31～35 岁	47	11.44%		5. 大专	70	17.03%
	4. 36～40 岁	69	16.79%		6. 本科及以上	33	8.03%
	5. 41～45 岁	73	17.76%	主要身份	1. 持证经理人	17	4.14%
	6. 46～50 岁	81	19.71%		2. 服务能手	21	5.11%
	7. 51～55 岁	62	15.09%		3. 企业负责人	43	10.46%
	8. 56 岁以上	21	5.11%		4. 协会负责人	41	9.98%
文化程度	1. 小学以下	5	1.22%		5. 村干部	43	10.46%
	2. 初中	129	31.39%		6. 返乡创业者	24	5.84%
	3. 中专	55	13.38%		7. 家庭农场主	95	23.11%
	4. 高中	119	28.95%		8. 种植大户	54	13.14%
	5. 大专	70	17.03%		9. 普通农户	52	12.65%
	6. 本科及以上	33	8.03%		10. 农技推广等	21	5.11%
收入来源	1. 农业占大头	177	43.07%	家庭年收入	1. 5 万以下	116	28.22%
	2. 非农收入占大头	47	11.44%		2. 6 万～10 万	118	28.71%
	3. 都是主要来源	139	33.82%		3. 11 万～20 万	93	22.63%
	4. 其他来源	48	11.68%		4. 21 万～30 万	39	9.49%
主要农作物	1. 粮食类	48	11.7%		5. 30 万以上	45	10.95%
	2. 蔬菜类	125	30.4%	参加培训次数	1 次	198	48.18%
	3. 其他农作物	74	18.0%		2 次	71	17.27%
	4. 禽畜类	82	20.0%		3 次	53	12.90%
	5. 水产类	39	9.5%		4 次	23	5.60%
	6. 其他	41	10.0%		5 次及以上	66	16.06%
培训组织方式	1. 农业高校	89	21.7%				
	2. 农村专业协会	113	27.5%				
	3. 民营培训机构	209	50.9%				

表 4-3 信度和收敛效度分析结果

变量/量表	测项	因子/负载	*AVE*	*CR*	α 值
总量表	—	—	—	—	0.773
培训内容匹配度	CW1	0.710			
	CW2	0.789			
	CW3	0.745	0.58	0.87	0.878
	CW4	0.801			
	CW5	0.761			
课堂质量	TC1	0.623			
	TC2	0.608	0.43	0.70	0.672
	TC3	0.737			
组织管理与服务质量	OS1	0.733			
	OS2	0.638	0.52	0.81	0.838
	OS3	0.780			
	OS4	0.723			
培训效果	EF1	0.566			
	EF2	0.630			
	EF3	0.696	0.41	0.80	0.891
	EF4	0.690			
	EF5	0.609			
	EF6	0.613			
培训持续影响力	AF1	0.664			
	AF2	0.737			
	AF3	0.730	0.53	0.87	0.897
	AF4	0.700			
	AF5	0.758			
	AF6	0.772			

每个维度 *AVE* 值的平方根（表中对角线上数字）均大于其与其他维度的相关系数（表 4-4），说明各维度之间具有良好的区分效度。进一步显示培训效能评价模型的五个维度是合适的。

采用方差最大正交旋转法进行因子分析，24 个观察变量聚合成预期五个潜变量，各观察变量因子荷载均达到 0.5 以上，五个潜变量方差累积率为 67.748%。因此，高素质农民培训效能评价包括五个维度，分别命名为：内容匹配度（CM）、课堂质量（QT）、组织管理与服务（OS）、培训效果感知（EF）、持续影响力（AF）。每个维度 AVE 值的平方根（表 4-4 中对角线上数字 0.64～0.76）均大于其与其他维度的相关系数说明各维度之间具有良好的区分效度。进一步显示培训效能评价模型的五个维度是合适的。

表 4-4　区分效度分析结果

变量	培训内容匹配度	课题质量	组织管理与服务质量	培训效果	培训持续影响力
培训内容匹配度	**0.76**				
课题质量	0.52	**0.66**			
组织管理与服务质量	0.39	0.49	**0.72**		
培训效果	0.58	0.55	0.63	**0.64**	
培训持续影响力	0.42	0.46	0.62	0.69	**0.72**

（3）结构方程检验结果与分析。采用 Amos 21.0 对总体结构模型进行检验，结果显示，$\chi^2/df=2.267$，$GFI=0.998$，$AGFI=0.967$，$NFI=0.997$，$IFI=0.999$，$CFI=0.999$，$RMR=0.002$，$RMSEA=0.056$，表示绝对适配度、各项指标拟合值均处于评价标准范围内，表明研究模型与样本数据有良好的适配度。

通过结构方程模型拟合，得出各潜变量之间、潜变量与观察变量之间的结构关系及标准化系数的估计值（图 4-2）。

（1）内容匹配度设定了 5 个观察变量，其标准化回归系数均大于 0.7，表明五个观察变量的信度较佳，是提升内容匹配度的关键因素，其中 CM2、CM4 标准化系数为 0.8、0.81，表示培训内容能否满足农民的需要、是否有针对性是提升内容匹配度最为核心的两个因素。

内容匹配度对培训效果感知的路径系数为 0.41，并且通过了 1% 的显著性水平检验，表明内容匹配度对培训效果有显著的正向影响。内容匹配度对持续影响力的路径系数为负，并通过了 5% 的显著性水平检验，表明内容匹配度对持续影响力有显著的负向影响。出现负向作用的可能原因是内容的针对性越强、越满足需要，学员持续学习的边际效应越低，其重返课堂的意愿也会相对减弱。因此在高素质农民培训内容的设置上，要区别于传统的职业技能培训，要有更多前沿性、启发性及系统性的内容。

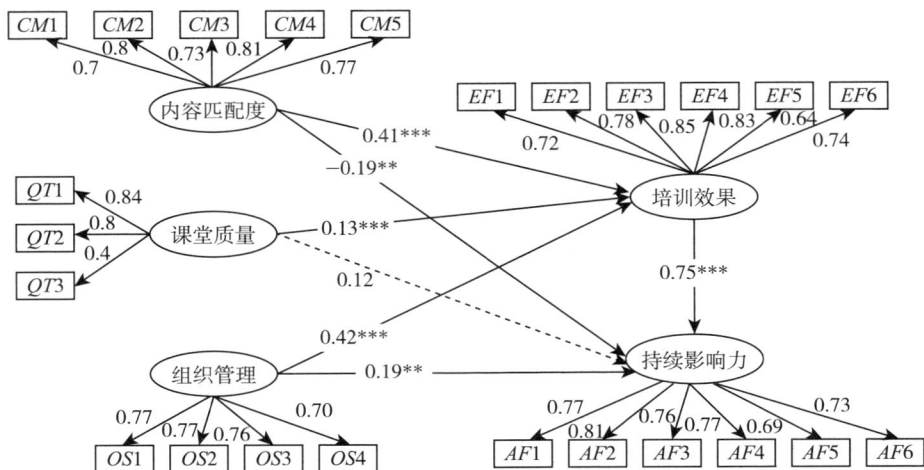

图 4-2 结构方程模型路径系数图

注：＊＊、＊＊＊分别表示 P 在 5％、1％的统计水平上显著。

（2）课堂质量设定了 3 个具体观察变量，$QT1$、$QT2$ 标准化系数分别为 0.84、0.8，$QT3$ 的标准化系数为 0.4，显示上课是否会看手机不是反映课堂质量的关键因素，而授课教师能否调动学员学习热情、授课是否通俗易懂才是提高课堂质量最为关键的因素。

课堂质量对培训效果的路径系数为 0.13，P 值小于 0.01，表明课堂质量对培训效果有显著的正向影响。课堂质量对持续影响力的路径系数为 0.12，P 值为 0.109，显示课堂质量对持续影响力的影响不显著。表明长期来看，学员更为看重能学以致用的知识，仅课堂氛围好、老师授课水平高等对学员持续参与培训的引力不足。

（3）组织管理与服务设定了 4 个观察变量，其标准化系数均在 0.70 以上，表示改善学习、生活环境，能提高学员的舒适度；合理安排课堂理论教学与现场实践教学，能提高学习的质量；提供周到细致的服务可提升学员对培训班的认可度。因此提高组织与管理服务质量对增强培训效果非常关键。

组织管理与服务对培训效果的路径系数为 0.42，$P<0.01$，显示组织管理与服务对培训效果有显著正向影响。组织管理与服务对持续影响力的路径系数为 0.19，$P<0.05$，显示组织管理与服务对持续影响力有显著正向影响。

（4）培训效果设定了 6 个观察变量，其中 $EF1$、$EF2$、$EF6$ 的标准化系数在 0.72 以上，表示学员通过培训能开阔视野、开拓思绪、结识同行是学员非常注重的因素，$EF3$、$EF4$ 的系数分别达到 0.85、0.83，表明通过培训提高知识和技能、提升生产或经营管理的信心，是提升培训效果的最为核心的因素。$EF5$ 的标准化系数为 0.64，低于 $EF6$（0.74），表示对学员来说结识同行比结识专家更需要。

培训效果对持续影响力的路径系数为 0.75，$P<0.01$，显示培训效果对培训的持续影响力有显著的正向影响。

（5）持续影响力设定了 6 个观察变量，$AF1$、$AF2$、$AF3$、$AF4$、$AF6$ 的标准化系数为 0.73 以上，表明五个观察变量的信度较佳，是体现培训持续影响力的关键因素。即培训结束后，学员乐于分享学习经历与收获，鼓励亲友、同行参加培训，也愿意再参加培训，期待结识同行共同探讨磋商，是体现培训持续影响力的关键因素。$AF5$ 的标准化系数为 0.69，低于 $AF6$（0.73），显示相较于与专家教授的互动，学员对同行之间的交流互动更为看重。

4.2.3　广东省高素质农民培训效能评价

综合表 4-5 可知，广东高素质农民培训效能整体得分为 4.38，各维度得分均值均超过 4.0，表明广东高素质农民培训培训效果、培训影响力较好。学员参加培训动机排在前三位的是：学习新知识、新技术，为 84.91%；了解最新政策与发展趋势，为 63.75%；结识同行专家，为 52.08%，反映广东高素质农民培训基本满足了农民的需求。但在各维度存在显著差异，培训效能有待进一步提升：

（1）课堂质量维度得分值（4.27）最低，主要是学员课堂注意力得分最低仅为 4.02，显示学员要兼顾学习与生产，无法专注学习，影响课堂质量。

（2）培训内容匹配度得分值（4.29）较低，主要是学习内容的针对性（4.18）与适应用性（4.25）得分相对较低，显示配置的课程与学员的实际情况存在一定的差距。

（3）组织与服务质量维度得分值为 4.42，表示学员对课程的安排、教学点的安排、时间的安排、学习生活的安排都比较认可；带班人员的服务得分值最高（4.53），显示华南农业大学经济管理学院的培训服务团队得到了学员高度认可。

（4）培训效果维度得分值（4.45）最高，显示培训的效果较好，学员最满意的是开阔视野（4.51）、开拓思维（4.49）、结识同行（4.46）等，是影响学员持续成长的重要因素。

表4-5　广东省高素质农民培训效能评价

效能层	维度	均值	标准差	观察变量编号	均值	标准差
效能影响因子层	内容匹配度	4.29	0.557	CM1	4.25	0.673
				CM2	4.33	0.631
				CM3	4.42	0.617
				CM4	4.18	0.752
				CM5	4.26	0.720
	课堂质量	4.27	0.546	QT1	4.40	0.657
				QT2	4.38	0.594
				QT3	4.02	0.839
	组织服务	4.42	0.462	OS1	4.43	0.542
				OS2	4.33	0.561
				OS3	4.39	0.604
				OS4	4.53	0.547
即时效能层	培训效果	4.45	0.461	EF1	4.51	0.556
				EF2	4.49	0.590
				EF3	4.40	0.623
				EF4	4.42	0.588
				EF5	4.42	0.563
				EF6	4.46	0.518
持续效能层	持续影响力	4.44	0.434	AF1	4.38	0.547
				AF2	4.39	0.541
				AF3	4.45	0.503
				AF4	4.51	0.533
				AF5	4.46	0.546
				AF6	4.47	0.537
整体得分		4.38	0.388			

（5）培训持续影响力维度得分 4.44，学员再次参加学习（4.51）、与同行探讨切磋（4.47）的意愿较为强烈。通过培训激发了学员持续学习与不断探索的兴趣，将对学员能力的提升产生较为持续深远的影响。

4.3　培训效能影响因素分析

4.3.1　不同特征培训效能的差异性分析

采用 SPSS 25 进行方差分析和事后比较分析，分析农民个体特征、产业特征、收入特征、地区特征、培训合作特征的不同及其培训效能的差异性。

（1）不同年龄组培训效能的差异性分析。设置了 8 组年龄进行对照分析，经采用方差分析，不同年龄层次在课堂质量维度存在显著差异（$P=0.008<0.05$），其他维度差异不显著，经进一步事后多重比较分析（LSD），C 组学员在内容匹配度、课堂质量、组织服务三个维度的得分值显著低于其他年龄组学员（表 4-6）。

表 4-6　不同年龄组培训效能 ANOVA 分析

检查变量	F	显著性	LSD 结果
内容匹配度	1.845	0.077	A<F*、A<G*、C<E*、C<F*、C<G*
课堂质量	2.784	0.008	B<F*、C<D*、C<E*、C<F*、C<G*
组织与服务	1.243	0.278	C<E*、C<G*
培训效果	0.972	0.451	
持续影响力	0.382	0.913	

注：＊表示 $P<0.05$；A=25 岁以下、B=25~30 岁、C=31~35 岁、D=36~40 岁、E=41~45 岁、F=46~50 岁、G=51~55 岁、H=56 岁以上。

在培训内容匹配度维度，A 组、C 组得分显著低于 F 组、G 组，年轻人更加注重培训内容的前沿性与互补性，而中老年更加注重培训内容的针对性与适应性。

课堂质量维度，B 组、C 组得分显著低于 F 组等，年轻人更加注重老师的教学经验是否丰富，而年长学员更加注重是否能听懂、注意力更加专注。

组织与服务维度，C 组得分显著低于 E 组、G 组，年轻学员更加注重学习、生活环境，而年长学员更加注重服务团队的态度和服务。

（2）不同文化程度组培训效能的差异性分析。设置了 6 组文化程度进行对比分析（表 4-7），经采用方差分析，不同文化程度在课堂质量维度、培训效果维度存在显著差异（$P<0.05$）。经进一步事后多重比较分析（LSD），F 组在培训内容匹配度、课堂质量、培训效果三维度与其他文化程度层次有差异，即本科文化程度学员的培训效能显著较低。反映当前高素质农民的培训内容与方式不太适合本科以上层次的学员，应对学员进行分级培训。

表 4-7 不同文化程度组培训效能 ANOVA 分析

检查变量	F	显著性	LSD 结果
内容匹配度	2.175	0.056	B＞F*、C＞F*、D＞F*、E＞F*
课堂质量	2.566	0.027	B＞F*、C＞F*、D＞F*、E＞F*
组织与服务	1.102	0.359	
培训效果	3.183	0.008	C＞D*、C＞F*
持续影响力	1.740	0.124	

注：＊表示 $P<0.05$；A=小学及以下、B=初中、C=中专、D=高中、E=大专、F=本科及以上。

（3）不同从业年限其培训效能差异性分析。设置了 8 组从业年限进行对比分析（表 4-8），经方差分析，不同从业年限在课堂质量维度（$P=0.01<0.05$）存在显著差异，进一步进行事后多重比较分析（LSD）可知，从事农业年限较长的培训效能较高，在内容匹配度、课堂质量维度、培训效果、持续影响力方面，从业年限在 H 组的得分值要高于其他组。可能的原因一方面在于其长期一心从事农业，亟须学习新知识、新理念；另一方面由于基础知识较为牢固，对课题知识的吸收程度较高，因而培训效能较高。

表 4-8 不同从业年限培训效能 ANOVA 分析

检查变量	F	显著性	LSD 结果
内容匹配度	1.296	0.251	B＜H*、C＜H*、D＜H*、E＜H*
课堂质量	2.697	0.010	A＞D*、B＜G*、B＜H*、C＜H*、D＜H*、D＜G*、E＜H*、F＜H*
组织与服务	0.723	0.652	
培训效果	1.703	0.107	B＜G*、C＜G*、D＜G*、D＜H*、E＜G*
持续影响力	1.327	0.236	B＜H*、C＜H*、D＜G*、D＜H*

注：＊表示 $P<0.05$；A=1 年及以下、B=2～3 年、C=4～5 年、D=6～7 年、E=8～10 年、F=11～15 年、G=16～20 年、H=20 年以上。

（4）不同收入水平培训效能的差异性分析。设置了 5 组收入水平群体进行对比分析（表 4-9），经采用方差分析，不同收入水平学员在持续影响力维度（$P<0.05$）差异显著，在其他维度差异不明显，经进一步事后分析（LSD），不同收入水平学员的培训效能在各维度存在一定差异（表 4-9）。在培训内容匹配度，E 组得分显著低于 B、C 组，反映高收入群体的培训效能相对较低。在课堂质量维度 A 与 B 组得分显著高于 D 组，反映家庭年收入在 10 万以下的学员群体得分显著较高。而在影响力维度，B 组得分显著高于 A、D 组，反映年收入在 6 万～10 万的群体得分值显著较高。显示不同收入群体，其培训要求存在差异。高收入群体更加注重思维开拓、更希望了解技术的发展趋势，吸取前沿性的知识，而低收入群体注重的是如何提高技能从而提高收入。

表 4-9 不同收入水平培训效能 ANOVA 分析

检查变量	F	显著性	LSD 结果
内容匹配度	2.536	0.222	B>E*、C>E*
课堂质量	1.728	0.067	A>D*、B>D*
组织与服务	0.168	0.989	
培训效果	1.744	0.837	
持续影响力	1.779	0.047	A<B*、D<B*

注：*表示 $P<0.05$；A=5 万以下、B=6 万～10 万、C=11 万～20 万、D=21 万～30 万、E=30 万以上。

（5）不同受训次数培训效能的差异性分析。设置了 5 组培训次数进行对比分析（表 4-10），经方差分析，不同培训次数在培训效果、培训持续影响力维度（$P<0.05$）差异显著，在其他维度差异不显著。经进一步事后分析（LSD）可知，A 组在组织服务维度、培训效果维度、持续影响力维度均得分较低，显示首次参加培训的学员对学习的期望与事实相差较大，有些培训班在路途中的时间比较多，学习的时间不够充分，进而影响了培训效能。在培训效果和持续影响力维度，参加培训次数较多的得分相对较高，显示培训对他们的能力提升较大，但培训次数太多将出现边际效应递减，影响培训效能。课题组在调查过程中发现，只参加了高素质农民培训的为 48%，有 52% 的学员参加了不同类型的培训：如参加过新型农业经营主体负责人培训的有

24.57％，参加过创新创业培训的有 21.17％，参加过农机推广人员培训的有 19.46％，参加过基层干部能力提升的有 13.87％，参加过农业职业经理人培训的有 12.65％。这些培训课程有一定重叠，但是参加培训的人员重叠更严重，21.66％的学员参加过 4 类培训班，将培训资源累积在部分学员，大大降低了学员的培训效能，因此设置合适课程，对农民分级梯度培训非常必要。

表 4 - 10　不同培训次数 ANOVA 分析

维度	F	显著性	LSD 结果
内容匹配度	1.011	0.401	
课堂质量	1.106	0.353	
组织与服务	2.046	0.087	A＜B*、B＞D*
培训效果	2.458	0.045	A＜B*、A＜C*
持续影响力	2.487	0.043	A＜B*、A＜C*、B＞D*、C＞D*

注：＊表示 $P＜0.05$；A＝1 次、B＝2 次、C＝3 次、D＝4 次、E＝5 次及以上。

（6）不同组织方式培训效能的差异性分析。设置三组培训组织方式进行对比分析。经单因素分析，不同组织方式在培训内容匹配度、课堂质量、组织管理与服务、培训效果、培训影响力均存在显著差异（表 4 - 11）。

表 4 - 11　不同培训组织方式 ANOVA 分析

检查变量	F	显著性	LSD 结果
内容匹配度	6.561	0.002	A＜B*、B＞C*
课堂质量	4.526	0.011	A＜B*、B＞C*
组织与服务	15.059	0.000	A＞C*、B＞C*
培训效果	7.601	0.001	A＜B*、B＞C*
持续影响力	12.181	0.000	A＜B*、A＞C*、B＞C*

注：＊表示 $P＜0.05$；A＝农业高校、B＝专业合作社、C＝民办培训机构。

进一步进行事后多重比较分析可知（表 4 - 11），在内容匹配度维度，C 级的得分值显著较低，A 组的得分值低于 B 组。在课堂质量维度 B 组的得分值显著较高。在组织管理与服务维度，C 组的得分值显著较低。在培训效果感知维度 B 组的得分值显著较高。在持续影响力维度，C 组的得分值显著较低，A 组的得分值低于 B 组。

综合以上可知，B（农村专业合作社）组织的培训，在各个维度的得分值相对较高，而 C（民办培训机构）组织的培训在各维度得分值相对较低。A（农业高校）的得分值高于 C（民办培训机构）低于 B（农村专业合作社）。出现这一结果可能的原因有以下两点：

农业高校在理论教学、师资、设备、技术方面有很强的优势，但对农民的基本情况、所在地区产业特点的了解，劣于农村专业合作社。若由农村专业合作社遴选学员，与农业高校共同商议配置课程，由农业高校负责理论课堂教学，农村专业合作社负责实训教学，培训效能会比较高。

民营培训机构既缺乏农业高校的师资优势，又缺乏农业专业合作社对学员特征的认知优势。在与学员的访谈中得知，民办培训机构组织的培训在课程时间上得不到保证，在路途上花费的时间比较多，同时举办方为了节省成本，会将多个班级合并在一起上课，人多、嘈杂、影响课堂质量。

（7）不同来源地其效能差异性分析。设置了 4 组学员来源地进行对比分析（表 4 - 12），经方差分析，不同学员来源地，在培训内容匹配度、课堂质量、组织与服务、培训效果、培训影响力均存在显著差异。经进一步事后分析可知，B 组各个维度的得分值相对较高，反映清远培训班的课程配置比较精准，课堂质量比较有保证，进而培训效果较好、培训影响力更大。进一步深入分析可知，清远主要由农村专业合作社组织生源、地方农业职能部门跟班监督，因而各方面得到保证。进一步验证了由农村专业合作社组织的学员其培训效能相对较高。农业高校与专业合作社联合承担，是高素质农民最有效的组织方式。

表 4 - 12　不同地区的 ANOVA 分析

检查变量	F	显著性	LSD 结果
内容匹配度	4.945	0.002	A＜B*、C＜B*、D＜B*
课堂质量	4.642	0.003	A＜B*、B＞C*、C＜D*
组织与服务	10.192	0.000	A＞C*、A＞D*、B＞C*、B＞D*
培训效果	5.315	0.001	A＜B*、B＞C*、B＞D*
持续影响力	8.193	0.000	A＜B*、A＞D*、B＞C*

注：＊表示 $P＜0.05$；A＝广东、B＝清远、C＝河源、D＝曲江。

（8）不同身份组培训效能的差异性分析。设置了 10 组学员身份进行对比分析，采用方差分析，不同身份其培训效能差异不显著，经进一步事后分析，在组织与服务维度，家庭农场主的得分值要低于持证职业经理人、涉农企业负责人、种植大户。家庭农场主既是生产者也是管理者，对现场教学点和时间安排的要求都较高。在持续影响力维度服务能手的得分值显著高于返乡创业人员、家庭农场主，农业生产性服务是农村近年来逐步发展起来的职业，从业者通过培训平台与同行专业可以建立更广泛深入的联系纽带。

（9）不同产业特征培训效能的差异性分析。设置了 6 组产业特征进行对比分析，经事后分析，在培训效果维度，水产养殖类的得分高于传统种养类，在高素质农民培训课程中，针对部分从事水产养殖类的农民，设置了如鱼稻类的技术课程，受到学员们的追捧。

4.3.2 不同特征培训效能的回归分析

将个体特征、收入水平、产业特征、地区特征、培训组织方式进行回归分析，进一步分析不同特征对培训效能的影响强度与方向（表 4-13）。

表 4-13 不同特征培训效能的回归分析

	内容匹配度		课堂质量		组织服务		培训效果		持续影响力	
	Beta	p	Beta	p	Beta	p	Beta	p	Beta	p
（常量）		0.000		0.000		0.000		0.000		0.000
性别	0.082	0.096	−0.023	0.644	−0.007	0.880	0.017	0.733	−0.032	0.523
年龄	0.103	0.058	0.149**	0.006	0.042	0.431	−0.009	0.875	−0.057	0.290
文化程度	−0.129*	0.022	−0.036	0.518	−0.079	0.156	−0.174*	0.002	−0.152**	0.007
从业年限	0.049	0.373	0.027	0.624	0.046	0.399	0.098	0.076	0.112*	0.042
家庭年收入	−0.036	0.505	−0.137*	0.012	−0.052	0.336	−0.012	0.828	−0.036	0.512
培训次数	−0.014	0.787	−0.012	0.828	−0.061	0.252	0.014	0.795	0.012	0.827
组织方式	0.170	0.253	−0.308*	0.038	−0.307*	0.038	0.207	0.167	0.040	0.787
地区特征	−0.303*	0.039	0.289*	0.049	0.020	0.889	−0.318*	0.031	−0.270	0.065

注：* 表示 $p < 0.05$，** 表示 $p < 0.01$。

（1）个体特征对培训效能有一定的影响，具体表现在：年龄对课堂质量维度有显著正向影响（$p < 0.01$），B 系数为 0.149，即年龄越大培训效能得分递增。文化程度对内容匹配度、培训效果、持续影响力维度有显著负向影

响（$p<0.05$），B 系数分别为 -0.129、-0.174、-0.152，文化程度越高，各维度得分递减。从业年限对持续影响力维度有显著正向影响（$p<0.05$），B 系数为 0.112，显示从业年限越长各维度得分递增。

（2）学员收入水平对培训效能有影响，对课堂质量维度有显著负向影响（$p<0.05$），B 系数为 -0.137，即学员收入水平越高培训效能递减。

（3）培训组织方式对培训效能有显著影响，在课堂质量维度、组织服务维度呈显著的负向影响，B 系数分别为 -0.308、-0.307，显示由民营培训机构组织的培训得分显著降低（$p<0.05$）。不同来源地区，对内容匹配度、培训效果维度有显著的负向影响（$p<0.05$），其 B 系数分别为 -0.303、-0.318，可能的原因与培训组织方式、对培训内容的需求等有关。对课堂质量维度有显著的正向影响（$p<0.05$），B 系数为 0.289，可能的原因，与农业职能部门是否派专人跟班有关，有职能部门监督的地区课堂质量得分增高。

4.4　结论与建议

高素质农民是指主动适应农业现代化生产和产业发展需要，主要依靠农业及相关产业经营获得收入、以务农为职业的现代农业从业者。其基本要求包括：具备一定文化与科技知识、掌握现代农业生产技能、富有自主创新创业精神、具有职业素养和社会责任感（严金明，2019）。培育对象不仅有青壮年，还包括农业大户、农场主、农村合作社负责人等，培育对象的年龄、文化程度跨度比较大。综合以上分析可知，不同个体特征、产业特征、收入水平其培训效能有显著差异，培训组织方式、参加培训的次数对高素质农民培训效能有显著影响，因此，要探索高素质农民精准培育的路径，即培训内容要与农民需求相对接、与产业特色和资源禀赋相对接，培训方式要与培育对象对接（杨艳丽、李丽等，2018）。

（1）综合课程内容的匹配性与前沿性，精准配置培训课程。要提高培训效能，首先要提高培训内容的匹配度，要从农民自身的需要出发，培训内容要有针对性，要能与农民自身的知识需要形成互补；其次，要兼顾内容的前沿性，要协助农民掌握农业科技发展的新趋势。具体来说，课前要根据学员需求、年龄分布、学员文化程度、产业特征，配置具体的培训课程；课后要对课程内容的适应性进行评价。宜对农民进行分级梯度培训，提高培训的精准性。

（2）建立师资评价机制，配置适宜的师资。课堂质量是影响培训效果的重要因素，配置能调动农民学习热情、能用农民听懂的语言的老师为农民上课，是提高课堂质量的关键。虽然名校的专家、学者、企业家是高师资水平的象征，但不一定是保障课堂质量的关键。因此培训前，需要根据学员特征、课程特征配置师资。要加大对乡土专家的培育和选拔，优化高素质农民培训师资库。

（3）建立完善的组织管理与服务体系。组织管理与服务是影响培训效果的关键因素之一，学习环境的优劣、课堂教学时间的保证、现场教学点的安排等都是影响服务质量的关键因素，因此构建一个完善的组织管理与服务体系非常重要。

首先，要为学员提供良好的学习环境。广东省要求高素质农民的理论培训必须进高校，这是强调学习环境的重要性，高校能为学员提供一个教学设备先进、安静舒适的学习课堂，有利于提高课堂学习质量。其次，要选取与学员产业特征相适应的现场教学点，聘请相适应的专业人员进行现场教学讲解、安排专业人士进行现场交流互动。最后，要积极开展学员培训后的延伸服务，延伸培训链条，增强服务内涵，增强农民自我发展能力。建立联系网络，疏通联系渠道，定期向培训学员反馈培训信息，征求建议和意见，改进培训工作。

第 5 章　广东高素质农民培育机制创新的探索与实践

　　自 2013 年开展高素质农民培训以来，为提高培养效能，广东围绕高素质农民培育，不断探索创新培训机制与方法，形成了通过"粤菜师傅、南粤家政、广东技工"三项工程的"技能农民"培育模式，依托人才驿站大力进行"聚才、育才、服务"三位一体模式。各地市、高校都在积极进行乡村振兴人才培育的探索，形成了分类精准培育高素质农民及农业职业经理人的"梅州模式"，探索培养乡村新闻官的"清远模式"，创新性地培育有文化、懂技术、会经营、善管理的高素质农民（图 5-1）。

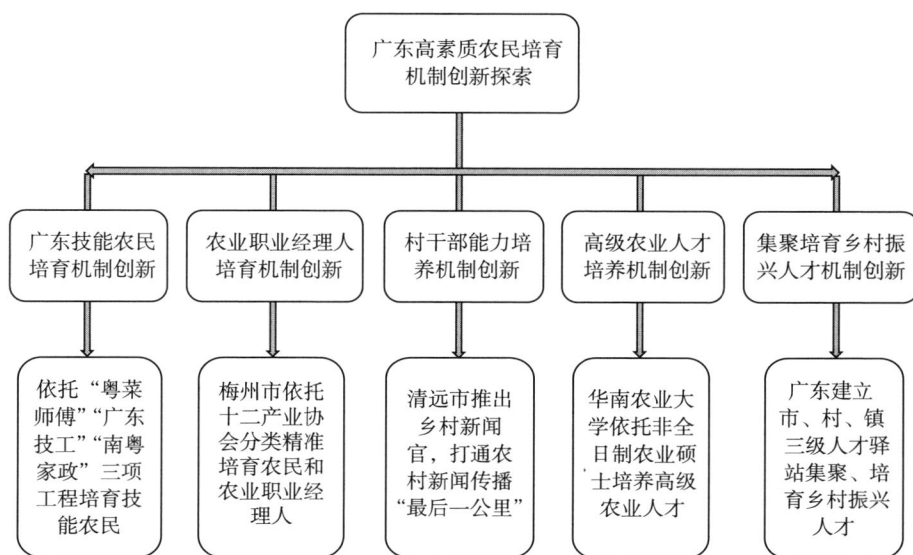

图 5-1　广东高素质农民培育机制创新探索

5.1 梅州"分类、精准"培育高素质农民的探索

广东梅州是华南地区的传统农业区，是广东省农产品重要生产基地之一。梅州市通过重构农业经营组织体系，构建分类培养框架，实施精准培育高素质农民，为探索高素质农民培育机制创新提供了范例与启示。

5.1.1 梅州培育高素质农民机制

新型农业经营组织是指以市场为主导，适应农业生产力和生产关系发展要求，从事组织化、集约化生产经营，产业化、社会化程度较高的现代农业生产经营组织形式（陈晓华，2014），是现代农业产业组织和管理的重要媒介以及农业科技和信息传播的实体平台，即高素质农民培育的载体。梅州通过整合资源重构农业经营组织体系，构建分类培养高素质农民的框架，为实施精准培育提供路径支撑（图5-2）。

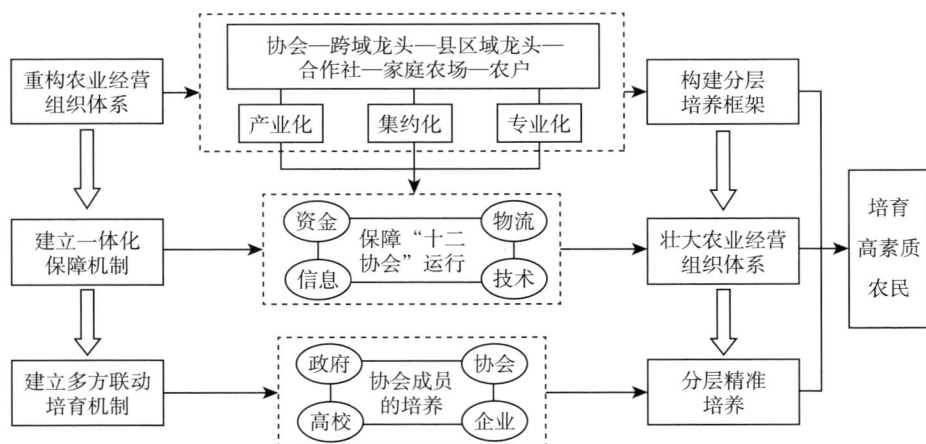

图5-2 梅州"分类、精准"培育高素质农民机制构建

（1）重构农业经营组织体系：构建分类培养框架。为长效解决梅州农业缺人才、缺技术、缺装备、缺劳力的核心问题，梅州市于2012年起对全市范围涉农经营主体（企业、合作社、家庭农场、普通农户）进行产业分类、遴选、编码，抱团组建产业协会；先后共组建金柚协会、茶叶协会、客都稻

米协会、脐橙协会、农业生产资料协会、农机协会、水产协会、客都特产协会、蔬菜协会、花卉协会、南药协会、畜禽养殖协会，将分散的农业经营主体聚集形成十二个专业化、集约化的产业链（简称"十二协会"）。每个产业链内逐渐形成"协会—跨域龙头—县区域龙头—合作社—家庭农场—农户"六位一体的产业"金字塔"农业组织经营体系，该体系有效黏合了各行业的各类经营主体，形成"利益共同体"。体系中各层级目标一致，资源共享，群策群力，形成了多维高效的农业发展要素"内循环"机制；在该体系发展进程中，处于"金字塔"体系顶端的产业协会发挥了核心作用，不断吸收各个经营主体作为会员单位，极大地整合了行业资源。产业协会是梅州农业农村局（原农业局）对全市范围内的涉农经营主体进行系统评估遴选、组建而成，组建过程中筛选出了实力较为突出的经营主体，协会成立后培育和吸收有一定实力、行为规范的经营主体为会员，产业协会会员不局限特定的经营主体，不管是企业还是普通农户，只要能生产出符合产业标准的农产品，并愿意遵守产业内部章程，接受组织统一生产，即可加入协会，因此协会的会员都是经过筛选，具有一定技术和能力，各有所长，各有所需，为精准培育高素质农民搭建了可以进行分类培育的立体框架，即以农业组织体系为依托，筛分培育对象，按农业职业经理人、生产技能能手、生产性服务能手实施精准培养（图 5-3）。

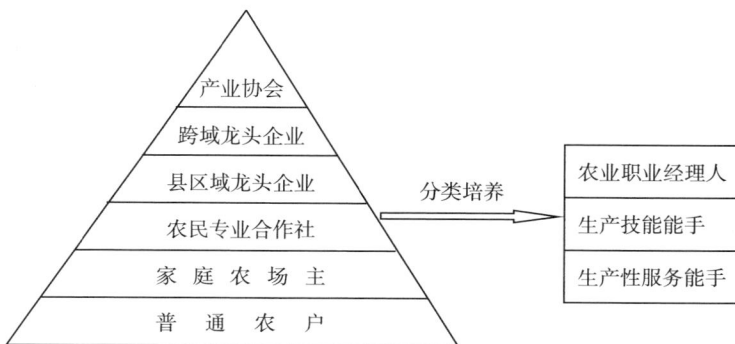

图 5-3　梅州"六位一体"农业组织经营体系：分类培养框架

（2）构建一体化保障机制：发展壮大农业经营组织体系。产业协会成立后不断探索完善自我职能，发挥自身优势积极参与社会管理，激活行业内在发展动力。梅州通过构建农业经营主体一体化保障机制，打通农业发展资金流、物流、技术流和信息流四大通道，为发展壮大农业经营组织体系提供保障，不断吸收各个经营主体作为会员单位，吸引"弃农"返农乃至吸引其他产业的人力、资本从事农业经营。

梅州市政府成立农林业新型经营主体信贷风险补偿基金，扶持新型经营主体壮大；组织十二产业协会与梅州市邮政、农业、建设等 10 家银行开展"互联互保""基金担保""政银合作"等农业贷款品类和融资模式，充分保障农业发展的资金需求。

和顺丰集团合作建设"综合物流商流"平台，布局市级、县级、镇村级三级物流体系，打通农产品直供社区渠道。

依托"中国南方丘陵山区农业装备研发中心"，与华南农业大学、广东省现代农业装备中心等单位建立合作或买断专利，陆续引进推广果园挖穴机、修剪机、喷药机、运输机等机械，提升农业生产效率。

成立"梅州市农业信息中心"，并整合利用移动、联通、电信、腾讯等运营商资源，搭建办公 OA 系统、梅州农业信息网、飞信、微信、微博、产业 QQ 群、群邮件、新农通 8 个惠农信息服务通道，在技术咨询服务、预警市场动态、农产品质量监控、灾（病、虫）害预防预报等方面提供服务。

一体化保障机制的成功构建和运行，极大地提升了各经营主体的盈利和抗风险能力，吸引了大批在外从事二、三产业的群体，返乡从事农业产业开发运营，他们或是家族有一定积累的"新农人二代"，或是白手起家投向农业的新青年农民，或是在其他行业有了积累再投向农业的"白领农民"。各类型农业经营主体的数量均迅速增长，省级农业龙头企业数量 2014 年仅为 65 家，到 2020 年增加到 152 家，增加了 133.8%；家庭农场数量 2014 年仅为 332 家，到 2018 年增加到 2 161 家，增加了 550.9%；2014—2018 年市级龙头企业、农民合作社的数量也大幅增加，分别增加了 42.46%、39.25%（表 5-1）。农业经营主体的规模发展到一定程度后，更重要的是如何监测引导其良性发展，加强示范经营主体的申报，2019—2020 年，每年申报的示范农民专业合作社在 14～15 家，省级家庭示范农场 27～30 家，2019—2020 年省级重龙头企业为 146～152 家。

表 5 - 1　2014—2020 年梅州市农业经营主体数量变化

主体类别	2014	2015	2016	2017	2018	2019	2020	备注
省级龙头企业	65	87	106	122	132	146	152	
市级龙头企业	285	322	368	375	406			
农民合作社	3 320	3 763	4 172	4 576	4 623	15*	14*	*省级示范农民合作社申报
家庭农场	332	852	1 410	1 947	2 161	27*	30*	*省级示范家庭农场申报

资料来源：梅州农业农村局。

5.1.2　建立多方联动培育机制，实施分类精准培育

高素质农民有别于旧时农民的单干或家庭式经营，而是社会化程度较高的团队协作或组织运营，是专注于农业产业链的特定环节、从事农业生产经营的某个领域（王秀华，2012；童洁等，2015）。时任梅州农业局局长刘玉涛接受访谈时指出（2017）未来梅州农业从业者将逐渐分化为两类群体：一是致富耕山的新农人群体，他们是积累了一定资本的个人或法人，开始规模化集约土地，招聘专营人员，高端规划产业链条，以现代化的理念来运营农业产业，是新时期的高素质农民，将会成为区域产业发展的标杆。二是耕山致富的老农人群体，他们土地零散、财力有限、年龄偏大且能力退化，需要专门的社会化服务组织提供专业服务。因此，梅州高素质农民将按产业链细分为生产、经营、销售、生产性服务，如品牌农业、特色农业、农业服务社会化、农业商务等细分领域，让专业的人做专业的事。构建政府部门、高校和科研院所、产业协会、龙头企业多方联动的培育机制，对新农人进行经营管理、生产、销售、服务和创新创业等的精准培养。

梅州根据本地的特点，结合国家高素质农民培育工程的要求，构建多方联动培育的机制，实施分类精准培育。

（1）以构建和完善专业化社会服务体系为依托，培育生产服务能手。梅州通过构建"五专"生产性服务体系，为老农人提供专业的生产性服务，即包括：成立专门公司、配套专门机械、培育专业人员、培训专门技

术、提供专业服务。为老农人群体提供专业性的生产服务，包括农资、生产、采摘、保鲜、耗材一条龙服务等。开展村级技术培训会，为农户提供技术、植保、营养"三位一体"配套指导，以标准化种植管理引导农户精准施肥、高效用肥。这些服务主体不仅在梅州范围内提供服务，还不断向周边地区拓展实行跨区域作业，在服务范围、种类、深度等方面得到延伸。如以梅州市农家邦现代农业技术服务有限公司等为代表的专业服务公司与梅州农业经营主体签约，"试点推动"，以专业化服务带动标准化建设，从试点开始推广因土因园配方施肥，定制"平衡营养施肥套餐"，并重视引进推广优质新型肥料、水肥一体化技术，优化施肥方案（中新网广东，2017）。

（2）甄选产业带头人，着力培养农业职业经理人。梅州通过建立企业征信体系，启动企业红、黑名单制度，在引领农业品牌化过程中，甄选行业"头狼"，即在农业产业内部甄选生产经营规范、企业信誉好、产品质量高，对生产经营行为起到较好的规范、示范、引领作用的经营者作为产业带头人，甄选的产业带头人群体文化素质比较高，具有一定的经营经管能力，是培养农业职业经理人的最佳人选。如：2018年6月课题组对梅州176位农业经营主体骨干进行访谈：受访者主要以中青年为主，35岁以下占36.9%，36～45岁为39.8%，46～55岁为19.9%，56岁以上仅为3.4%；文化程度主要以专科教育为主，初中以下仅为5.6%，高中及中专33.5%，大专39.8%，本科及以上为21.1%；这也在一定程度上反映了梅州产业带头人群体的素质较高。

梅州加大力度对产业协会负责人、龙头企业负责人、青年农场主，进行农业经营管理、品牌创建与营销等系列专题培训，以提升其理论水平和新知识的掌握，拓展其现代农业的经营管理思维，力争把他们培育成为农业职业经理人和乡土专家。随着产业带头人的成长，梅州农业龙头企业的发展壮大，2014—2020年梅州省级农业龙头企业数量位居全省第一，2020年的省级农业龙头企业数分别是河源、韶关、清远的2～3倍，是云浮的4倍，梅州农业龙头企业的发展一方面得益于政策的扶持，更加重要的是得益于企业经营管理人才的逐步成长，从一定程度上反映出2012年以来通过组织产业协会，对企业负责人、合作社负责人、青年农场主等的精准培养取得了较好的效果。

（3）依托产业协会，对农户进行帮扶与指导，结合国家高素质农民培育工程，着力培养农业生产能手。产业协会通过主导制订行业标准、引领会员执行标准，规范农户生产、销售行为，培养农民良好的职业素质。梅州市出台了《梅州市农业标准化工作实施意见》明确计划到 2020 年，共创建 150 个市级农业标准园，大宗农产品标准化技术覆盖面达 90% 以上；主要农产品质量安全抽检合格率达到 96% 以上等，为了达到上述目标，梅州市农业部门抓住"十二协会"这一"牛鼻子"，以协会为引领，带动龙头企业、合作社、家庭农场、种养户等，推广应用标准化技术。

产业协会还通过帮扶、指导、咨询和服务提升普通农户生产、经营、管理的能力；协会内抱团营销、抵抗市场风险。如：组织"十二协会"的 1 500 余家经营主体结对帮扶 349 条贫困村，指导农户通过干中学，转变思维、提升能力，旨在"授之以渔"，使之成长为生产能手。2021 年广东省乡村振兴"万企兴万村"行动现场推进会在梅州市梅县区召开，据报道梅州企业结对帮扶对接 1 783 个行政村，总体帮扶位居广东省前列，而梅州本地企业（含农业经营主体）结对帮扶对接 1 170 个村，覆盖率约 80%，累计帮扶资金约 4.72 亿元，受益贫困群众约 43 万人（资料来源：梅州农业农村局）。

在产业协会的引领下，部分企业成长为广东省高素质农民培训的省级示范基地，2018 年广东省农业农村厅组织专家对各市推荐的高素质农民培育示范基地申报材料进行了审查、遴选最终评选出 265 家培训示范基地（综合类 100 个、实训类 80 个、田间学校类 50 个、创业孵化类 35 个）；在这次评选中，梅州市获得广东省高素质农民培育示范基地 24 家（综合类 5 家、实训类 8 家、田间学校类 8 家、创业孵化类 3 家），占广东高素质农民培训省级示范基地的 9.06%，在全省排在第二位（表 5 - 2）。2020 年广东省再次对高素质农民培训示范基地进行了遴选，本次共遴选出 151 家（综合类 45 个、实训类 51 个、田间学校类 31 个、创业孵化类 24 个），梅州获得 23 家（综合类 5 家、实训类 6 家、田间学校类 9 家、创业孵化类 3 家）占广东省高素质农民培育示范基地名单 15.23%。

表 5-2　2018—2020 年广东省各类农民培训示范基地分布

年份	地区	合计	综合类	实训类	田间学校类	创业孵化类	备注
2018 年	广东省	265	100	80	50	35	
	广州	34	11	16	2	5	
	梅州	24	5	8	8	3	
	省直属	22	22	0	0	0	
	韶关	21	5	10	4	2	高素质
2020 年	广东省	151	45	51	31	24	农民培育
	广州	25	5	15	1	4	
	梅州	23	5	6	9	3	
	省直	19	10	9			
	韶关	18	3	11	1	3	

资料来源：广东省农业农村厅。

5.1.3　梅州探索构建"分类、精准"培育框架创新点分析

梅州通过重构农业经营组织体系，构建分类培养框架，实施精准培育高素质农民，其主要创新点在以下几方面。

5.1.3.1　突出政府的引导和保驾护航作用

梅州农业职能部门在农业经营组织体系发展、高素质农民培育中积极发挥引导和保驾护航的作用。政府的引导作用体现在四个方面：

（1）进行资源整合、引导组建产业协会，形成专业、集约化的产业链。2012 年梅州农业局将全市分散经营的农业企业、农民专业合作社、家庭农场主、普通农户主体整合起来，按产业归类、引导组建十二产业协会，协会设立会长单位，由具有较大影响力的龙头企业担任。在协会内设立秘书长一职，由农业农村局相关职能人员兼任，强化政府职能部门的引导作用。

（2）梅州通过构建农业经营主体一体化保障机制，打通农业发展资金流、物流、技术流和信息流四大通道，为发展壮大农业经营组织体系提供保障。

（3）建立企业征信体系，启动企业红、黑名单制度，引领梅州农业品牌化建设。近 5 年梅州共有 59 个农产品获得广东省名牌产品称号，获认定数

量走在全省前列，累计（有效期内）90 个，占全省 1/10；有 107 个产品入选广东名特优新农产品目录，5 个产品入选全国名特优新农产品目录。区域声誉的信号显示以及溢价效应，可有效地激励农户向市场提供优质安全的农产品（周小梅、范鸿飞，2017），继而激发他们参与培训提高自身生产经营能力的积极性。

（4）引导企业与高校和科研院所对接，借助外援专家，助力企业成长与发展。梅州农业职能部门积极引导企业与高校、科研院所建立产、学、研基地及人才联合培养基地，促进企业与高校及科研院所的深度融合，促进企业的发展及人才的储备与培养。如：吸收华南农业大学、华南理工大学、广东省农业科学院的专家学者加入协会，为企业提供咨询服务和技术指导及联合科研攻关；与华南农业大学建立广东省联合培养研究生基地，引导企业参与高校农业高级专门人才培养。

5.1.3.2　充分发挥产业协会的示范、引领作用

梅州产业协会区别于"公司＋农户""公司＋中介组织＋农户"等传统一体化组织形式。协会内企业间、合作社间相互提供技术帮扶、合作营销，相较其他组织模式来说组织边界更广，主体间利益联结更密切，产业链多元交叉融合。通过产业协会的示范、引领作用，引导会员和生产经营者走规范化、现代化的经营管理之路。

（1）主导制订产业标准、引领会员执行标准，产业协会不但通过自律、监督大大提高了产品质量，树立了品牌，更重要的是通过产业标准规范了生产、销售行为，培养了农民良好的职业素质。

（2）在全过程中提供咨询、指导和服务。在生产端提供质优价廉的生产资料，在生产中间提供全程业务咨询、技术指导、文化提升、品牌包装，在最后的销售端抱团营销、抵抗市场风险；而且还通过帮扶、指导、咨询和服务提升了农民生产、经营、管理的能力。

5.1.3.3　六位一体的农业经营组织体系，为实施精准培育高素质农民奠定基础

每个产业协会内形成了金字塔型的农业经营组织体系，层级的顶端是会长单位，由有影响力的农业龙头企业担任，依次是省级农业龙头企业、梅州市级农业龙头企业、农民专业合作社、家庭农场、普通农户。

对于不同层级的农业经营者实施不同的培育目标要求，对于龙头企业负

责人、农民合作社负责人要朝着农业职业经理人的目标培养，对家庭农场主和普通农户则主要朝着成为生产能手、服务能手的目标培养。

5.1.4　梅州分类、精准培育高素质农民的经验启示

通过以上分析可知，梅州在推进农业经营组织体系建设的过程中，探索构建了分类精准培养高素质农民的基本框架，为高素质农民培育机制创新提供如下启示。

5.1.4.1　完善农业经营组织体系的建设，充分发挥农业企业在农民培育中的作用

通过农业经营组织体系建设，梳理地区农业经营主体和农业产业，形成专业化、集约化的产业链，将地区产业链上、中、下游的各个关键主体整合起来，充分发挥各主体在产业链不同环节的优势作用，补足劣势，消除彼此之间的不良竞争，深化彼此之间的利益黏合。

充分发挥农业企业在高素质农民培育中的作用。一方面发挥农业企业自身的示范、引领作用，另一方面有条件的龙头企业应为高素质农民提供技术实训支持，成为高素质农民的技术实训基地，为农民提供规范、标准、咨询、服务和技术指导。

5.1.4.2　构建分类培育高素质农民的基本框架

在可预见的时期内，我国农村将长期存在农村人口低素质化与人多地少同时并存的现象。此情形下我国农民小而散的主体特征短期难以改变，试图让大部分农民向高素质农民演进既不现实也无必要（郑兴明、曾宪禄，2015），必须筛分老农人与新农人，对农民进行分类指导，实施精准培训。

对于年龄大，接受和学习新技术、新知识能力不足的老农人，主要是培训他们如何与专业服务能手对接，通过建立专业服务协会，为年长农民提供各类农业生产服务。

对于有经验、有知识或年轻的新农人，要根据当地产业特征、人员素质特征，结合标准与要求制订具体的、合适的培育内容与计划。培养农业种养能手、产业技术工人、服务能手、生产能手、农业职业经理人、经营法人、乡村工匠、文化能人、非遗传承人和创业致富带头人。

5.1.4.3　农业高校应加强对农业高级人才的培养

农业高校应与当地政府协同培育高素质农民。农业高校在培养高素质农民方面相对其他培训机构，在专业经验、科学研究、技术推广、教育资源等方面均具有比较优势，因此要大力探索高素质农民的培育模式，打造高素质农民培育的品牌专题和精品课程，可以实行"农业高校＋实训基地"协同培育的模式。

农业高校应加大农民的学历教育，要开设适合区域农民提升学历的专业，探索适应农民边生产边学习的灵活学习方式，将农民学校建立在镇村，充分利用网院等远程学习技术，建立为农民提供全方位学习和培训的体系。

5.2　梅州以产业协会为依托培育农业职业经理人的探索

实施乡村振兴战略是党的十九大提出的一项重要任务，乡村振兴战略的顺利实施、政策精准落地，须有善于经营、精通管理、通晓技术的农业职业经理人参与其中。邓洪康认为农业职业经理人是指掌握农业生产经营中所需的资源和资本，并通过为农业企业经营者谋求最大经济效益而获得红利的技术人才；王亚萍等认为，农业职业经理人不但掌握了农业技术知识，而且善于经营、精通管理，适应了农业产业化、企业化经营发展需要。农业职业经理人不同于工业企业经理人，具有其独特性。当前各地区对农业职业经理人的培育以短期理论培训为主，具体形式大多采用短训班、专题讨论会等，学习一些基本原理以及在某一方面的一些新的进展、新的研究成果，或就一些问题在理论上加以探讨等；参加人员主要为从业人员；培训的学员考核合格后，颁发农业职业经理人证书。没有对学员的学习效果和后期工作业绩进行科学评价。因此，探索农业经理人的有效培育路径，创新培育方式十分重要。以广东省梅州市的农业职业经理人培育途径为例，分析梅州行业带头人培育路径，提出通过整合资源、组建农业产业协会，以协会为依托培育农业产业带头人，探索农业职业经理人培育的新机制，旨在为其他地区培育农业职业经理人提供典范。

5.2.1　农业职业经理人的界定

职业经理人是指在企业中具有经营权和管理权，并能够承担企业风险的高层管理人才。他们的出现实现了企业所有权和经营权的分离，适应了现代经济发展的需要。因此职业经理人就是职业化企业家，在企业中能够自主做出管理决策，并承担企业经营风险，他能够激活且能有效组织各种自然资源和社会资源以及资本资源，是特有的稀缺人力资源（邱显平，2001）。职业经理人既需要良好的人品，也需要丰富的专业知识和技能，只有这样，才能成为企业的中流砥柱。目前国内对职业经理人的研究中，把职业经理人分为高级、中级两种级别。高级职业经理人就是企业的领导层，掌握着企业的重大决策，决定着企业的前进方向。中级职业经理人则是企业的执行层，负责将企业日常管理事务井井有条地执行下去。

现代农业要求生产标准化、管理企业化、经营市场化，突破传统的自给自足生产和经营模式，因此随着现代农业的发展，农业管理人才职业化成为必然趋势，农业职业经理人队伍也逐步壮大。邓洪庚认为农业职业经理人是指掌握农业生产经营中所需的资源和资本，并通过为合作社、农业企业等谋求最大经济效益而获得红利的技术人才（邓洪庚，2017）。也有学者认为农业职业经理人他们不但掌握农业技术知识，而且是善经营、懂管理，适应了农业产业化、企业化经营发展需要的人才（王亚萍、包昆锦、张社梅，2017）。

虽然学界开始对农业职业经理人进行研究，但目前我国农业职业经理人市场还不完善，对农业职业经理人的定位仍不清晰。我国农业职业经理人主要存在于合作社、农业企业等部门，与工业企业职业经理人不同，它具有其独特性：一方面，农业职业经理人是一个新兴产业，既需要掌握多方面的知识和技能，也要有敏锐的商业头脑和市场意识，但目前还处于发展摸索阶段，许多获得农业职业经理人证书的从业者，仍然比较注重传统经验、缺乏创新意识，现代管理技术和知识储备不足；另一方面，农业职业经理人最初是依托农民合作社并代表合作社对已经规模化的农田进行经营和管理，后逐渐发展成为一种职业化的合作社经营管理群体，但由于职业经理人本身身份具有多重性的特征，他们有部分群体既是职业经理人，同时也是农场主，并不能很好地实现所有权和经营权的分离（董杰、张社梅，2015）。

当前我国对农业职业经理人的培育主要是以从业人员为主进行短期理论培训，通常采取自愿报名和职能部门推荐相结合的方式遴选培育对象，可以是普通农民、村干部、大学生、经营主体负责人等，主要是学习一些基本原理以及在某一方面的一些新的进展、新的研究成果，或就一些问题在理论上加以探讨等，具体形式大多采用短训班、专题讨论会等，时间都不长，培训结束后，对参与培训的学员进行考核、颁发农业职业经理人证书，学员的实际管理和经营水平与农业职业经理人要求的匹配度无法得到保证。

因此，探索农业经理人的培育路径，创新培育方式十分重要。广东省梅州市通过甄选、培育产业带头人，为探索培养农业职业经理人的路径提供了范例。

5.2.2　梅州农业职业经理人培育路径的探索

广东梅州是华南地区较大的传统农业区，是广东省农产品重要生产基地之一。但农业发展存在二大瓶颈，一是农业从业人口趋于老龄化、科技人才缺乏等问题日益突出；二是农业经营存在分散、规模小、市场竞争力弱等问题。为寻求出路，突破农业发展瓶颈，2012 年开始，梅州市农业农村局整合全市 5 000 余个涉农经营主体，逐步组建农业产业协会，重构农业经营组织体系，以经营体系为平台、龙头企业为依托培育产业带头人，包括"聚羊成群""羊中选狼""培养头狼"等一系列环节，引导"头狼"最终成长为善经营、懂管理、会技术的农业职业经理人（图 5-4）。

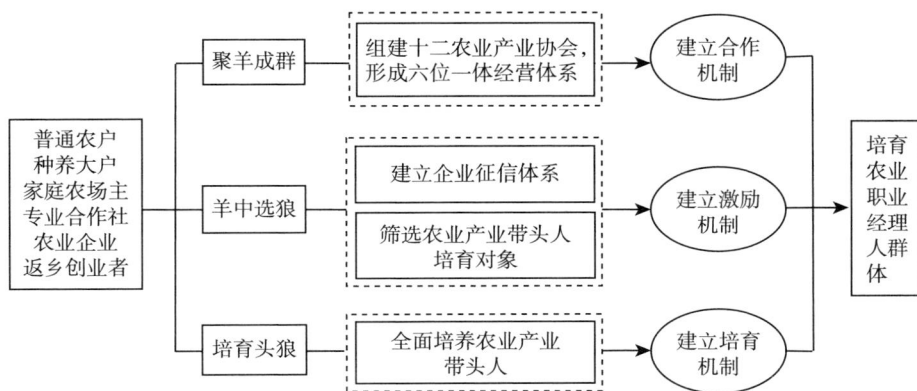

图 5-4　梅州农业职业经理人培育路径图

5.2.2.1　通过资源整合，组建农业产业协会："聚羊成群"

所谓"聚羊成群"，是指按产业分类、以协会的形式将产业内经营主体组织起来，构建新型农业经营组织体系。梅州以农业协会组织化为抓手，通过对全市范围的近 6 000 家涉农经营主体进行遴选、登记、编码，按产业分类组建了金柚、茶叶、脐橙、客都稻米、水产、农业生产资料、农业机械、客都特产、花卉、蔬菜、南药、生猪等 12 个农业产业协会，在每个产业协会内部陆续搭建起"协会—跨域龙头—县区域龙头—合作社—家庭农场—农户"六位一体的产业金字塔体系，实现对农产品产业链的有效整合，政府强力引导促进在产业金字塔体系内社会化大分工，构建起产业内长期依存、分工合作、共建共享、互惠互利的运营机制。协会的主要功能包括：一是通过信息交流，让资源得到有效整合；二是规范内部管理，严格对待产品质量和品牌推广；三是结合内部特点，为会员提供如技术培训、品牌推广、人才管理等咨询指导和服务。

5.2.2.2 建立红名单激励机制，甄选农业产业带头人："羊中选狼"

通过资源整合、组建协会，解决了农业经营主体散、乱的问题，如何使每个农业协会健康地发展起来，并发挥协会的产业引领作用和推动作用，必须选好农业产业带头人。

所谓"羊中选狼"，就是在农业产业内部甄选生产经营规范、企业信誉好、产品质量高，对生产经营行为起到较好的规范、示范、引领作用的经营者作为产业带头人，即"头狼"。梅州通过建立企业征信体系，启动企业红、黑名单制度引领农业品牌化，甄选产业"头狼"。以梅州柚为例：种植面积 60 万亩，年产量 90 万吨，占世界产量的 1/10 之一，有金柚（软枝沙田柚）、蜜柚两个品牌。资料显示，梅州从 1911 年开始种植沙田柚，有百余年种植经验，出产的沙田柚品质好、深受消费者青睐，但在利益的驱使下有部分生产经营者，不顾柚果生长规律早摘，使得品质下降，影响了整个沙田柚市场。为监控早摘，保证柚子品质，打造和维护百年品牌，梅州农业农村局出台了红、黑名单制度，把推进标准化生产、产品质量高、企业信誉好的生产经营者列入红名单，进行统一登记编码，作为产业标杆，并授牌；而对于生产不达标、违背市场秩序的企业和经营者，纳入黑名单并予以公布惩处。从 2012 年开始至 2018 年，对全市的"梅州金柚"规模化生产基地（企业、合作社）进行溯源编码，并进行全程的跟踪，对符合规范、安全种植、可持续供货、质量有保障、诚信经营的柚子基地（经营主体）进行了多轮精选，获得政府推荐红名单的金柚生产企业达 30 家，成为柚子产业的标杆，对柚子经营主体的生产经营行为起到了较好的规范、示范、引领作用，这些标杆企业的负责人即为产业的带头人和骨干，即"头狼"。

5.2.2.3　建立多方培育机制，引导农业产业带头人成长为农业职业经理人

经过筛选出来的产业带头人，要求在做强做好自己企业的同时还要对产业的发展起到引领、示范和带头作用，以推动整个产业的持续健康发展。因此，对"头狼"的培养十分重要。梅州农业农村局通过引导建立产业标准化、专题理论培训、年度总结交流、加大校企融合和深度合作等方式培育农业产业带头人，旨在培养农业产业经营管理人才，并取得良好的培训效果。

（1）通过引导"协会制定标准—主体组织标准—农户执行标准"，引导创建梅州特色农产品品牌，并通过打通农业发展资金流、物流、技术流和信息流四大通道，构建农业经营主体一体化保障机制，提高生产经营者的标准意识、质量意识、品牌意识和市场意识，规范经营者的生产和销售行为，从生产实践中提升产业带头人的生产经营和管理能力。

（2）2012 年以来，梅州组织农业产业带头人、经营主体负责人，国家、省、市 县四级农业龙头企业负责人等进行农产品质量安全、现代农业生产经营、农产品营销与电子商务、农产品品牌建设与管理等专题理论培训，弥补理论知识短板。组织产业协会年度工作总结交流会等，会上每个产业协会负责人都要对本协会的年度工作进行总结与计划，分析存在问题，探索解决问题的办法和思路，主办单位邀请嘉宾现场进行点评与分析，并提供解决方案与思路，促使他们成长为既有实践经验又有理论知识的乡土专家和人才。

（3）引导企业与高校、科研院所建立产学研合作基地、人才联合培养基地，加强校企融合和深度合作。如 2017 年梅州农业农村局与华南农业大学建立了广东省研究生联合培养基地，并引导 8 个产业协会与华南农业大学建立了以梅州农业农村局为牵头单位的校级联合培养农业硕士研究生基地群。以基地为纽带，农业企业及产业组织与科研院所深度融合与合作，企业聘请"外援"专家教授进行技术指导和咨询服务，校企联合进行生产技术创新与科研攻关，企业协同开展人才培养。近年来华南农业大学为梅州市培养输送近 600 名农业硕士研究生，成为梅州农业发展的一支生力军。

（4）经过持续培养，取得良好的培训效果。2018 年 6 月课题组对梅州176 位产业带头人进行了访谈，受访者对历年来参加过的培训的培训效果进

行了评价，结果显示，产业带头人在生产经营收入、生产技能水平、经营管理、创新能力等各方面的能力提升效果显著，特别是经营管理能力、信息技术使用能力、品牌意识、法律意识、环境保护意识等得分值在 3.93 及以上，反映一系列培训起到了较好的效果（表 5-3）。

表 5-3　梅州农业产业带头人培训效果评价表

	均值	标准差	极小值	极大值
总体生产经营收入提高	3.77	0.855	2	5
生产技能水平提高	3.85	0.843	1	5
生产机械操作水平提高	3.74	0.832	2	5
经营管理能力提高	3.93	0.828	2	5
产品营销能力提高	3.85	0.837	2	5
产品品牌意识提高	3.93	0.796	2	5
信息技术使用能力增强	3.93	0.796	2	5
科技创新能力增强	3.85	0.826	2	5
带动周边致富能力增强	3.88	0.853	2	5
政策了解程度提高	3.87	0.905	1	5
法律意识提高	3.95	0.829	2	5
环境保护意识提高	3.96	0.824	2	5
个人整体综合能力提高	3.87	0.876	2	5

注：1=没有效果，2=效果较差，3=一般，4=效果较好，5=效果很好。

　　产业的带动和培育，培养了许多优秀的农村致富带头人。如"全国农村青年致富带头人"胡顺天。2011 年，胡顺天返乡回梅，加入"客天下"平台，依托这一平台，胡顺天主导建立了梅州首个综合性农业电商产业园——客天下农电商产业园，致力于上行梅州本地农副产品、打通全国农副产品交互渠道，推动农产品跨区域流通，逐步成为梅州农村电商产业带头人；2018 年胡顺天以乡村振兴服务项目参加全国"创青春"创新创业大赛，获得全国总决赛银奖，2019 年获团中央和农业农村部授予的"全国农村青年致富带头人"称号，2019 他创建了首个服务新农人及乡村振兴的人才驿站——梅州市新农人人才驿站，培育及引进人才，将助力乡村振兴事业落到实处。

　　培训的效果进一步表现在梅州省级重点农业龙头企业的发展壮大方面。

广东重点农业龙头企业实行动态调整管理，申报广东省重点农业龙头企业的企业其农产品生产、加工、流通的销售收入要占总销售收入 70％以上，并在经营规模、企业效益和辐射带动能力等方面达到一定标准，认定标准以百分制计分，综合得分 80 分及以上的为候选企业；监测不合格的要淘汰。2012 年梅州广东省级重点农业龙头企业仅为 25 家，占全省的 7.06％；在全省排第 2，仅比河源多 2 家，比云浮、清远多 7～9 家；至 2020 年梅州广东省级重点农业龙头企业增加到 152 家，占广东省重点农业龙头企业总数的12.85％，且数量连续多年居全省第一，远超其他山区市（是河源、韶关、清远的 2～3 倍，是云浮的 4 倍余）（表 5－4）。梅州省级重点农业龙头企业的发展壮大，一定程度上得益于梅州对农业企业负责人的持续培养。

表 5－4　2012—2020 年广东省重点农业龙头企业分布表

年份/数量	2012	2013	2014	2015	2016	2017	2018	2019	2020
广东省合计	354	453	570	633	709	820	915	1 009	1 183
梅州	25	42	65	87	106	122	132	146	152
湛江	31	39	47	50	54	71	76	78	90
茂名	19	27	39	46	50	59	69	85	95
深圳	18	22	34	37	47	54	64	73	77
惠州	20	30	37	40	45	49	51	53	57
佛山	7	10	26	28	26	47	52	50	57
河源	23	30	32	35	38	44	48	53	65
韶关	14	17	23	28	30	39	48	56	63
云浮	18	22	25	29	32	35	35	30	36
清远	16	20	24	27	27	34	39	45	54
江门	17	22	27	27	30	34	42	43	53
广州	19	22	27	27	25	30	40	51	124

资料来源：广东省农业农村厅。

5.2.3　梅州农业职业经理人培养机制的创新

综合以上分析可知，梅州通过培养产业带头人，创新职业经理人培育机制，取得了较好的成效，其主要创新点如下。

5.2.3.1 培育对象选拔机制的创新

梅州通过启用企业征信体系，甄选标杆企业，遴选产业带头人，把在产业中能起到引领、示范和带头作用的优秀群体作为农业职业经理人的培养对象，提高了培养对象与农业职业经理人要求的匹配性。

5.2.3.2 培育机制的创新

四川崇州农业职业经理人培训模式是目前我国农业职业经理人培训的典型代表，即对符合条件有意愿从事农业经营的人员进行培训后，达标者获得统一颁发的农业职业经理人资格证书，获得证书的农业职业经理人就能够进入市场（韩文龙、谢璐，2017）。经过短期培训的农业职业经理人虽然取得证书，要真正与企业建立利益关系，必须积极投身到各类经营主体中进行历练，否则容易演变成一种应付式培育方式，农民来上课就是为了完成任务，拿到职业经理人资格证书。崇州培训的职业经理人中，有很多都是家庭农场主，他们最终回到自己的农场经营（施新明，2016），反映农业职业经理人必须要有经营主体来支撑。

一是学员参加学习的目的性很强。梅州的产业带头人是从梅州经营主体中遴选出来的，自身就是协会负责人、企业负责人、合作社负责人、青年农场主，他们是带着经营管理中的问题参加培训，获得的证书仅仅是参加过培训的信号显示，重要的是通过培训提升理论水平，并以自己管理的经营主体为依托进行实践，在实践中历练提高，最后达到能力水平的升华。

二是培训内容的针对性较强。梅州农业农村局根据当地经营主体负责人的实际情况，结合梅州农业发展，制定培训计划与内容，包括理论培训与实践指导。

三是借力外援专家，即引导高校、科研院所、知名企业与梅州农业经营主体建立教学、科研、协同育人等基地，进行深度融合与合作。

5.2.3.3 强化农业管理部门的引导作用，激发农业产业协会的活力

梅州通过整合资源，将全市农业经营主体经过梳理整合成十二个产业协会，每个协会内形成"会长单位＋跨域龙头企业＋县域龙头企业＋专业合作社＋普通农户"的农业经营组织体系，即形成了十二条专业化、集约化的产业链，在协会内设置秘书长，由农业职能部门的人员兼任，以此强化农业管理部门对农业经营组织体系良性发展的引导作用，激发农业产业协会的活力。

通过农业农村局的引导，以产业协会为依托，一方面对内推动了跨县域

农业交流与合作，盘活了全市农业经营主体资源，为内部交流、资源整合、产业自律、抱团发展、服务社会搭建了组织平台；另一方面为对外提升市场竞争力搭建商贸平台，产业协会成为推动产品品牌化发展的骨干力量。

5.2.4　梅州农业产业带头人培育与崇州农业职业经理人培育比较

四川省崇州市是四川省增加农民财产性收入试点县。从 2010 年开始，崇州立足自身实际，围绕解决"谁来经营""谁来种田""谁来服务"的问题，通过培养农业职业经理人、培育社会化服务体系，最终形成"土地股份合作社＋农业职业经理人＋现代农业服务"三位一体和多元主体共同经营的农业经营方式（江宜航，2015），在农业职业经理人的培养方面形成了自己的独特模式。现对梅州和崇州两种培育模式进行比较，其结果如表 5-5 所示。

表 5-5　梅州农业产业带头人培育与崇州农业职业经理人培育比较

类型	梅州农业产业带头人培育	崇州农业职业经理人培育
培育目的	农业职业经理人群体	自由农业职业经理人
培育对象	协会负责人、合作社负责人、企业负责人、农场主等	农民、村干部、部分大学生等
培育方式	农业职业部门引导，通过遴选、整合产业，组建产业协会，培育品牌产业，培育农业职业经理人群体	通过自愿报名和乡镇推荐相结合的方式，依托科研院所、实训中心现场授课、理论学习
培育机制	从产业中甄选培育对象，多方培养产业带头人，引领协会会员成长，以带动整个产业发展	通过培训、考核、发证等步骤赋予农业职业经理人从业资格，并推荐任职
培训效果	农业产业带头人均是企业经营者本身，他们从产业中来，最终回到产业中去。历经理论与实践相结合的培育，使其逐步成长为农业职业经理人	取得一定成效，但培训门槛低，培训方式较为单一，农业职业经理人虽然取得证书，不一定能真正与企业建立利益关系，需要积极投身到各类经营主体中去发挥才智和作用
农业部门主导作用	以农业职能部门为依托，对内推动了跨县域农业交流与合作，盘活了全市农业经营主体资源，为内部交流、资源整合、产业自律、抱团发展、服务社会搭建了组织平台；对外为提升市场竞争力搭建商贸平台，成为推动产品品牌化发展的骨干力量	以政府为主导，各相关农业职能部门联合土地合作社、农业服务超市等市场化主体，搭建农业职业经理人教育培训、认定管理、政策扶持"三大平台"

由表5-5所述，梅州与崇州模式存在如下差异：

第一，两者培育目的存在差异。梅州培养的是以自身农业经营组织为依托的农业职业经理人群体，他们在产业发展中脱颖而出，并在产业中起到引领、示范和带头作用；而崇州培养的是自由职业经理人，必须寻找合适的农业经营组织作为依托，需要经过历练才能进一步成长。

第二，对象及选拔方式存在差异。梅州主要针对协会负责人、企业负责人、合作社负责人、农场主等经营主体，他们本身就是经营者，是从产业中甄选出来的，并最终回到自己的产业中去。而崇州主要是以自愿报名和乡镇推荐的方式为主，可以是普通农民、村干部或者是一些大学生，通常他们都是身兼多职，虽然接受了培训，但与企业不具有一定的利益关系。

第三，培育机制存在差异。梅州培育的农业产业带头人来源于企业并服务于企业，它把这样一个中间人的角色发展成为一个产业，这里的人并不再单一指某个具体的农业职业经理人，而是农业协会的"头狼"，即产业带头人，由"头狼"引领协会会员，引导企业创立品牌，提升产品市场竞争力，带领整个行业发展，对于经营主体负责人，仍然可以报名参加广东省的农业职业经理人培训班，培训合格可获得职业经理人证书。而崇州模式中职业经理人较为自由，对符合条件有意愿从事农业经营的人员进行培训后，达标者获得统一颁发的农业职业经理人资格证书，获得证书的农业职业经理人就能够进入市场（韩文龙、谢璐，2017）。在这样的方式下，很难控制培训的效果，容易变成一种应付式培育方式，农民来上课就是为了完成任务，拿到职业经理人资格证书。但在这些农民中，若有家庭农场主，培训后他们将学到的管理方法运用到自己的农场，对提高农场的经营效率非常有帮助。

第四，培训效果存在差异。崇州模式取得了初步成功，为探索农业职业经理人的培育提供了很好的范例，但也暴露出一些弊端，崇州模式是一种证书培育模式，农民虽然获得了职业经理人证书，但不一定保证能进入农业行业进行历练，本身就是农业经营主体负责人的学员，可以以自己的经营主体作为实践依托，从而实现更好的成长。梅州培育产业带头人，选拔的对象就是优秀的农业经营主体负责人，他们带着问题去培训，在实践中应用学到的技术和知识，培训效果更好。

第五，农业部门的主导作用不同。崇州模式是以政府为主导，有关农业职能部门会同土地合作社、农业服务超市等市场化实体，建立了农业专业管理人员教育培训、认证管理和政策支持"三大平台"。梅州以农业职能部门为依托，一方面体现在对内推动了跨县域农业交流与合作，盘活了全市农业经营主体资源，为内部交流、资源整合、行业自律、抱团发展、服务社会搭建了组织平台；另一方面是对外为提升市场竞争力搭建商贸平台，成为推动产品品牌化发展的骨干力量。

总的来说，崇州模式培育的是单个农业职业经理人，它是以个体为主，而梅州产业带头人是以产业为支撑，培育的是行业内的一个群体，群体间彼此独立又互相促进、共同成长。两者有共性也存在差异，可以相互借鉴。

5.2.5　结论与启示

梅州通过重构农业经营组织体系、培育农业产业带头人的方式，为目前农业职业经理人的培养路径探索带来较新的思路，我们从中得到如下启示。

5.2.5.1　分类甄选培育对象

（1）从农业经营主体负责人中甄选在产业中能起到引领、示范和带头作用的优秀群体作为农业职业经理人的培养对象之一。他们具有一线的经营管理经验，虽然缺乏理论的系统培训，但他们具有较强的学习动力，可以通过理论的强化培训提高能力。

（2）从农业高校学生中甄选愿意致力于农业经营管理的大学生，包括农业经济管理的本科生、农业硕士研究生等，他们具有扎实的理论基础，虽然缺乏实际的经验，但学习能力、科研能力非常强，到企业去经过传、帮、带等一定时期的历练，可以成长为优秀的职业经理人。

（3）从社会甄选有农业情怀、愿意致力于农业农村建设的企业家、职业经理人、优秀管理者等，引导他们投身到乡村振兴大潮中来。支持各类人才返乡创业，创造条件欢迎各地人才、资本入乡发展，支持具备一定经营管理能力、掌握现代化农业生产技能，从事农业生产、经营和服务的返乡下乡人员投身于现代农业；实施乡贤返乡工程。着力营造良好的乡村创业服务环境，鼓励本籍外出乡贤回乡创业就业。

5.2.5.2　精准制定培训内容

根据培育对象制订培育计划与内容，农业经营主体负责人群体、大学生群体、企业家优秀管理人群体等，特征不同、需求不同，必须经过调研精准制订与他们需求相匹配的培训计划与内容。

如，对于优秀的农业经营主体负责人，必须循序渐进，分为若干专题进行理论强化，2018年6月针对176位梅州产业带头人进行调研，设置了素质培训、技能培训、经营管理培训三大类共22个专题，结果显示他们最需要培训强化的主要集中在农产品质量安全、农业政策法规专题、现代农业生产经营等8个专题（表5-6）。

表5-6　梅州产业带头人培训需求

培训内容	选择率
农产品质量安全	54.55%
农业政策法规	51.70%
现代农业生产经营	51.14%
乡村振兴战略实施	48.30%
农产品营销与电子商务	46.59%
生态环境保护	45.45%
病虫害防治技术	45.45%
农产品品牌建设与管理	43.18%

5.2.5.3　充分发挥农业高校的智力支持作用

（1）高校要加大高级农业人才的培养，要与企业、政府联合建立人才培养基地，农业企业及产业组织深度参与教学活动，协同开展农业职业经理人创新班的培养，为农业发展培养输送高级管理人才。可以采取3+1的培养方式，即在学校学习三年理论知识，在企业实践一年，授予其管理学学士学位。

（2）农业高校要加强基层农业人才的学历教育与培养，主要以职业农民为对象培养非全日制农业硕士研究生，开设农业职业经理人方向班，学生可以带着问题进课堂，与导师共同研究、联合攻关，解决农业生产经营中的实际问题，真正把论文写在农业大地上。

（3）农业高校应在研究生专业学位教育中增设农商管理硕士，培养兼具理论与实践相结合的务实型、复合型和应用型的农业MBA高级人才。

5.3　广东通过"三大工程"培育高素质农民的探索

2017 年党的十九大提出了乡村振兴战略，乡村振兴人才是关键，农民是主体，因此大力培育高素质农民是实现乡村振兴战略、发展农村经济、增加农民收入、实现农业和农村现代化的基础。为全面落实脱贫攻坚和乡村振兴任务，结合广东实际情况，2018 年广东全省陆续开展了"粤菜师傅""广东技工""南粤家政"三大培育高素质技能农民的工程。三大工程相互联系、相互促进，又各有侧重、各具特色；"粤菜师傅"工程重在帮助农民提升致富技能、解决就业，"广东技工"工程重在解决农村技能人才供给不足问题，"南粤家政"工程则解决城乡"一老一小"服务需求问题，三大工程从"小切口"入手，在培育了大批高素质技能农民的同时，解决了广东城乡民生"大问题"。

5.3.1　"粤菜师傅"培育机制的创新

粤菜是我国著名的菜系之一，凭借着优越的地理位置、独特的饮食文化、鲜嫩味美的口味，成为中国近百年来最具有代表性和影响了整个世界的饮食文化之一。随着广东省粤菜的发展，发展态势良好及正面向现代化、产业化、国际化方向前进的餐饮业，对粤菜人才的需求越来越大，但是从广东省整体发展的角度而言，仍存在城乡差距依旧偏大、农村劳动力就业不充分、农民致富技能不足等问题。2018 年广东提出实施"粤菜师傅"工程，强调以"专业引领、传承创新、交流研修、专业授徒"为宗旨，以"培养工匠精神的新型劳动者"为目标，以美食为媒、以技能为根，提升农民致富技能、促进农民充分就业，进而提高农民收入，助推广东乡村振兴（陈伟赞、黄楚芳，2018）。自 2018 年广东实施"粤菜师傅"工程至今，已累计开展粤菜师傅培训 12.3 万人次，带动就业创业 33.6 万人，走出了一条有效促进城乡劳动者技能就业、技能致富，助推乡村振兴发展的新路子（肖文舸，2021）。

5.3.1.1　创建"培训基地＋大师工作室"，打造开放的培训平台

"培训基地、大师工作室"是实施"粤菜师傅"工程的重要载体和阵地。

各地从办学条件较好、培训质量较高的职业院校（含技工院校）、培训机构、就业训练中心、实训基地、创业培训基地和餐饮行业协会、企业培训中心确定"粤菜师傅培训基地"，成立粤菜师傅大师工作室，以承担本地区粤菜师傅培训任务，面向农村和城镇劳动者开展粤菜烹饪职业技能培训和职业教育（朱伟良，2018）。目前，广东省共有 147 所技工院校和职业院校开设粤菜相关专业，确定省级"粤菜师傅"培训基地 50 个，设立"粤菜师傅"国家级大师工作室 5 个，省级"粤菜师傅"大师工作室 50 个。以粤菜师傅培训基地和粤菜师傅大师工作室为辐射点，展开现代化教学培育模式，帮助农民掌握一技之长，促进就业创业（粤人社函〔2019〕1644 号）。

5.3.1.2 创建粤菜师傅技能竞赛平台，以赛促教、促学

政府、企业、学校各方或多方联合展开形式丰富的粤菜技能比赛，以分时间段、分阶级、分模块等方式组织粤菜师傅和学徒参与粤菜技能比拼，结合粤菜烹饪标准，检验各方教学成果，激发粤菜人才的创新意识，实现"以赛促教、以赛促改、以赛促学"，进一步强化和巩固粤菜人才的技能。同时，对标世界技能大赛技术标准、国际专业设置标准和国家专业教学标准，加快粤菜烹饪技能人才培养课程改革，将工匠精神融入教学培训全过程。鼓励院校、培训基地加强烹饪、面点、中厨等相关专业建设，开设粤菜烹饪相关精品课程，支持聘用知名餐饮企业粤菜师傅担任专、兼职教师。

5.3.1.3 开展特色粤菜烹饪技能标准开发和粤菜师傅评价认定，建立人才培育规范体系

明确市场上粤菜的各种形式，政校企三方主动针对粤菜烹饪需求培养粤菜人才，从科学、实用的角度上对粤菜人才的培训课程进行深化、完善。

校企双方或多方共同开发教学材料，整合教学资源，根据企业需求、市场需求重新规划教学方向和培育专业性粤菜人才。广东省人力资源社会保障部门组织制定粤菜烹饪技能标准开发和粤菜师傅评价认定框架指引，组织推动地方、院校、行业企业开展地方特色粤菜烹饪技能标准开发和粤菜师傅评价认定工作，通过不断修改和完善粤菜技能评价标准，严格证书的颁发要求，培养文化与技能并修的人才，推动人才培养培训走向标准化、规范化、优质化。"粤菜制作职业技能等级标准"和"粤点制作职业技能等级标准"在 2020 年成功入选为教育部第四批"1＋X"证书培训评价组织及职业技能

等级证书（曹月，2021）。

5.3.2　"广东技工"培育机制的创新

2018 年广东推出"广东技工"工程，以打造知识型、技能型、创新型的技工大军为目标，深入联合各大高校、企业、机构、民间手工艺人等各种渠道和资源，针对农村不同年龄层次的人群、不同阶层结构的人群、不同追求目标的人群，制定对应的培养计划，培养各种类型的有助于农村发展的高素质劳动者和技术技能人才。目前广东已培养全省技能人才 1 357 万人，其中高技能人才 456 万人，建设了 183 个省级重点专业级 40 个特色专业，专业面向先进制造业、战略性新兴产业及现代服务业。

5.3.2.1　以农民田间学校方式培育技能农民

以农民为中心，坚持农民需求为第一的指导思想。广东省依托各类农业院校的教育教学资源，如华南农业大学、仲恺农业工程学院等知名院校的各类学科领军人物、教授、研究员等对农民进行培训，改变传统的以教室为课堂，而选择稻田作为培训课堂。受训农民每节课需亲自动手，进行实践操作。例如针对水稻种植户，每次培训要求农民亲自下田观察、分析，采集病虫害标本，对有害生物加以识别，增强农民的辨别能力；利用模拟实验使农民懂得水稻有补偿功能，害虫低密度的情况下没必要过多使用农药进行防治的道理；安排农药毒性试验，加深农民对农药危害人体健康、污染环境的了解，从而对其进行正确的处置和存放。受训农民经过此类培训后不仅学会了农业的相关操作知识，同时提高了自身的动手能力。农民田间学校对农民的培训不仅仅只停留在了知识和技术的理论知识介绍上，而是为了培养农民进行田间调查，提高分析和防治决策能力，增强农民独立思考的能力，提高农民自主生产、科学决策和自主创新能力，提升农民的综合素质，为新农村培养懂技术、有知识、会管理的高素质农民。

5.3.2.2　以文化为依托培育"乡村文化技工"

为让文化遗产活起来，为传承弘扬中华优秀传统文化提供人才支撑，广东通过梳理培养项目、系统规划、精心打造广府、客家、潮汕三大民系和少数民族非遗领域"文化技工"培养品牌项目，培养传统文化技能大师。在培养模式方面，通过优化技工院校和职业院校专业设置，实施非遗传承人群研修研习培训计划，推进各类非遗领域"文化技工"脱颖而出。如赤坭盆景种植历史始于清末，种植面积达3万多亩，被列入广州市级非物质文化遗产名录，广东省民间文化艺术（盆景）之乡；花都区以"三项工程"为抓手，将赤坭镇"岭南盆景特色小镇"建设与"广东技工"工程结合起来一起推进，先后在竹洞村、瑞岭村建成盆景行业协会、大师工作室；为了进一步提高农民群众技能，着力培育有文化、懂技术的群众，花都区2021年首期"岭南盆景特色小镇""广东技工"花卉盆景艺术提升培训班已在赤坭镇瑞岭村开班，多名国家级园艺大师现场倾囊相授，向学员发放《盆景造型技艺图解》手册，开展理论讲解，现场展示盆景造型技艺，参训人员纷纷表示受益匪浅，对花卉盆景技艺有了从理论到实际操作的深入了解，提升了个人技能水平（崔小远，2021）。白云区江高镇开展"广东技工"工程广绣技艺公益课堂，非遗项目广绣代表性传承人唐晓玲与9名学员进行广绣技艺课堂现场研学，该课堂线上同步直播，公益课堂将非遗技艺和就业技能相结合，接下来白云区还将更多工艺美术技艺植入"广东技工"工程，推动非遗技艺课程标准体系建设（何颖思，2021）。

5.3.2.3 通过帮镇兴村培养农村技能人才

通过"千企帮千镇，万企兴万村"计划，以龙头产业为依托，政府政策支持，企业技术和岗位支持，协助村民实现人才转化，带动农村技能人才的发展。如位于湛江的鼎龙湾国际海洋度假区，通过"广东技工"工程的开展，鼎龙集团旗下多个景区总计培训了1万多名拥有新技能的当地员工；鼎龙湾一个景区现已有超过210种以上的绿化植物品类，依托景区绿植培养"绿色工匠"，近年来鼎龙湾每个月组织2次绿化基础技能培训，每年还会由公司专家级讲师对绿化骨干进行专项培训，采取理论加实操，逐级提升的方式，帮助"绿色工匠"提升个人综合养护水平，实现由普通工人向专业化园林养护技术工的转变；已形成了一套完善的"技能培训、上岗就业、持续培训、新老技工传帮带、人才评价"的鼎龙技工培养模式，实现"培训一人、就业一人"的职业发展终身培养的机制。据统计，至2020年鼎龙湾已帮助碌西行政村的9条自然村，近600名村民实现"家门口"的就业；景区内绿化工人约200人，80%以上为周边村民（数据来源：人民资讯）。

5.3.3　"南粤家政"培育机制的创新

通过分析市场趋势发现，广东省家政服务人员存在巨大的市场缺口，与此同时经济相对欠发达地区，尤其是农村地区存在着大量的剩余劳动力，结合广东实际情况，2019 年广东再次推出"南粤家政"工程，包括建设"南粤家政"综合服务示范基地建设、网络平台运行、培训教材开发与宣传等，深入推进母婴服务、居家服务、养老服务、医护四大项目，在增加家政服务有效供给、满足多层次的社会需求的同时，促进农村剩余劳动力的技能提升和充分就业。到 2021 年 11 月，共培训 90 余万人次，带动创业就业 145 余万人次，开发了 27 个培训课程标准，完成了 10 本"南粤家政"培训教材编印（王越，2021）。

（1）"南粤家政"服务类型。一是提供居家养老服务。居家养老服务，是指以家庭为核心、以社区为依托、以专业化服务为依靠，为居住在家的老年人提供以解决日常生活困难为主要内容的社会化服务。服务内容包括生活照料与医疗服务以及精神关爱服务。主要形式有两种：由经过专业培训的服务人员上门为老年人开展照料服务；在社区创办老年人日间服务中心，为老年人提供日托服务。广东省目前已在全省 21 个地市公开遴选、认定 50 家养老护理职业技能培训机构，并公布其相应开展的养老护理服务相关课程培训内容（粤民函〔2021〕393 号）。

二是提供母婴服务。母婴护理，主要指对孕妇分娩后的心理、健康、饮食、体形及新生儿成长发育、健康成长、疾病护理等的一种服务，以女性居多。母婴护理员简称为"月嫂"，随着行业的发展越来越规范，母婴服务职业化水平也越来越高，"月嫂"的功能性越来越强，素质越来越高，其工作方向不仅仅是"月子"的第一个月，而是在"月嫂"工作的基础上对 0～3 岁的婴幼儿进行系统专业的育儿早期教育、科学喂养使其可以健康成长的幼儿教育人才，此项工作大大提升了"月嫂"的服务层面，使其最终成为新兴服务行业的高级蓝领。

三是医疗护理服务。医疗护理员，是医疗辅助服务人员之一，主要协助护士运送住院病人到医院科室进行辅助检查，完成住院病人的生活护理等，是医务工作必不可少的"好帮手"。护理员需要学习专业的护理知识，培训囊括相关法律法规、职业道德素养、清洁/排泄照护、饮食/用药照护、转移/活动照护、医疗/安宁照护等，旨在以更加负责的态度和精湛的技术，为每一位住院患者提供更优质、更专业、更温暖的服务。广东省"南粤家政"的实施旨在切实培养农村富余劳动力及下岗人群、待就业人群的专业技能，联合社区卫生服务中心、康复机构、敬老院和疗养院等服务机构加强培训，打造中高端的服务队伍（张华，2020）。

（2）"南粤家政"培养机制创新。一是建立立体开放的培训平台。鼓励全省技工院校根据市场需求开设家政服务专业，建设家政服务类技术技能人才省级重点和特色专业，支持有条件的技工院校运用现代学徒制或企业新型学徒制开展家政服务类专业技能人才培训；从办学条件较好、培训质量较高的机构中筛选承担家政服务培训任务的机构，并建设具有当地特色的家政服务培训示范基地。

二是校企深度合作，完善培训体系。技工院校、培训机构与家政服务社会组织、行业龙头企业开展深度合作，共建家政服务人才培养基地，如肇庆"南粤家政"综合服务示范基地、江门"南粤家政"产业园、增城"羊城家政"基层服务站。各方在人才培养方案制定、专业建设、师资培养、课程开发、实习实训、招生就业、考核评价等人才培养全过程开展紧密合作。建立以母婴服务、居家服务、养老服务、医疗护理服务等领域为重点的技能培训标准及大纲，开发专业培训教材和职业培训包，明确培训内容和课程规范等；建立完善家政服务职业资格评价、职业技能等级认定和专项职业能力考核等多层次技能人才评价方式（粤人社发〔2019〕121号）。

三是打造具有地方特色的家庭品牌。大力开拓本土资源，借助地域的优势进入市区家庭服务与医院陪护市场；通过举办"家政服务技能大赛"，以赛促练，提高服务人员的思想政治素质、业务工作能力，打造地域品牌。目前已形成了"羊城家政""五邑家政""河源阿嫂""客家大嫂"等一大批家政服务特色品牌（许萌萌，2021）。

5.3.4 结论与启示

广东实施"粤菜师傅、南粤家政、广东技工"三大工程以来，大批适应产业发展需求的广东技能人才快速成长，三大工程瞄准着眼于发展基层农民本土化人才的培养计划，拓宽了农民就业渠道，增加了农民技术知识，创新农民就业之路，不断增强了乡村振兴路上农民的幸福感、获得感和安全感。在总结经验基础上广东又将三大工程导入省际扶贫协作，为对口帮扶贫困地区劳动力提供"粤菜师傅"培训 1.1 万人次、家政服务培训 1.3 万人次，通过职业培训，提高农民技能，成为就业创业者的一块致富敲门砖，以"技能脱贫"，走出一条"精准扶智"的巩固拓展好脱贫攻坚成果帮扶的新路径。为增强培训效果，今后要进一步加强以下工作：

（1）建立农村人力资源信息库。要加强农村人力资源状况调查，建立农村劳动力人力资源信息数据库。要充分掌握地方特色产业人才需求，建立产业人才需求库。

（2）建立就业服务机制、强化就业服务，适时举办形式多样的农民外出就业招聘现场会和劳务对接洽谈会，促进有组织、成规模的农村劳动力输出。

（3）进一步加大技能人才培养力度，依托"粤菜师傅、南粤家政、广东技工"三项工程等，加强就业职业技能培训，重点加强建筑业、服务业、农产品加工业等吸纳就业能力强、市场容量大的行业的农村劳动力培训，加强产业技术工人、经营法人、乡村工匠、文化能人、非遗传承人和创业致富带头人培育，通过技能培训、吸纳就业、创业扶持的模式，进行精准扶智，促进农民主动学习、技能致富。

5.4　广东精农网院农民培训的探索

为打造一支有文化、懂技术、善经营、会管理的高素质农民队伍，助推脱贫攻坚与乡村振兴有效衔接，2021 年 3 月 19 日下午，"数智精勤·科教创新"广东精农网院正式上线。广东精农网院是继广东省"百万农民免费线上培训工程"后，广东省锻造新时代技能农民、再立乡村振兴新潮头的重要平台，也是广东省农业农村厅在全面推进乡村振兴的大战略下，结合广东实际需求，通过多元主体分工配合，创新推出的农村人才振兴举措。

5.4.1　广东精农网院的特色

根据农民农事忙、家事多，出门不方便的特点，广东精农网院创新打造

"培训内容精准化、学习时间灵活化、培训课件可视化、农业技术点位化、学习渠道立体化"的培训模式，上百位农业院士、首席专家、乡土专家组成的技能农民专家百人团，在田间地头做技术讲解示范，农民朋友可以随时随地学习，旨在打通农技学习"最后一公里"（图5-5）。农民朋友完成相应课程学习后，可获得广东精农网院学习结业证书。

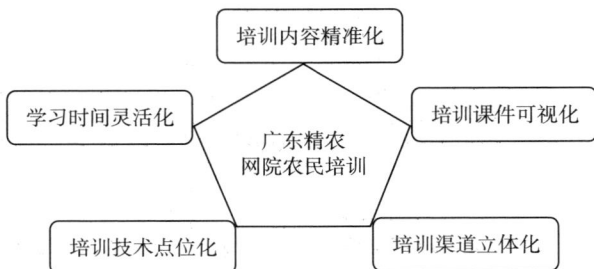

图5-5 广东精农网院特色

（1）培训内容精准化。立足岭南农业特点，开设涵盖农作物种植、畜牧养殖、水产养殖、农资植保、农产品加工、品牌营销、经营管理、乡村振兴等8大类、共3 000多节培训课程。针对岭南特色农作物，还开通荔枝修剪方法、腐竹加工方法、芥蓝市场前景、菜心栽培等专区课程，满足岭南农民的学习需求。每位农民根据自己的需求可以对应找到所需要的课程，并且反复地学习，能做到精准对接农民知识的需求。任何有需求的农业从业人员，都可免费学习这些课程。广东精农网院还设有"百科"板块，百科以视频、图片、音频、文字等形式帮助广大农民准确认识和防治各类病虫害。

（2）学习时间灵活化。传统的农民培训以线下授课为主，受地域限制，开展培训只能辐射某一地区，且农业人口分布广、农民学习分散，培训效果十分有限，尤其是2020年全球遭遇新冠疫情大流行，集中学习受到很大限制。广东精农网院通过数字化培训技术，将培训课程可视化，打破时空障碍，让农民在田间地头、工厂车间、家里家外都能随时随地学习。做到学习时间灵活化。

（3）培训课件可视化。将培训课程制作成短视频，采用实地拍摄、动画演示等先进手段，将抽象知识具象化、动态化，旨在让农民随时随地都能看，并看得懂、学得透、用得好。由农业院士、首席专家、乡土专家组成的技能农民专家百人讲师团，在田间地头做技术讲解示范，农民边听讲，边看专家的演示，可以做到听、看、思考于一体，提升学习兴趣和学习效果。

（4）技术培训点位化。将复杂的农业知识体系折分为一个个知识点（小节），并进行标准化分类和关键词提炼，农民可以精准搜索到所要学习的知识和提升的技能，然后高效利用灵活时间进行有针对性地学习，做到技术培训点位化。

（5）学习渠道立体化。广东精农网院已开通 App、微信小程序、H5 等多个学习渠道，农民可根据方便和需要选择学习渠道，形成了立体化的学习渠道网。

2020 年爆发新冠疫情以来，线上授课成为农民学习的重要方式，广东精农网院及时开通直播授课，2021 年 10 月，开通"广东重点农作物种植技术培训专场直播间"，围绕广东省六大水果产业，请专家为全省水果种植户重点讲授分享了香蕉、柑橘、荔枝等作物种植技术要点；11 月开通"农业新媒体营销知识"直播间，请专家为广东农民带来当前农业新媒体营销知识所必备的短视频、图文创作及运营技巧、三农 IP 打造直播带货等实操技能，两场直播共吸引了超 110 万人次参与，实施了广东百万农民线上精准培训（微信公众号：广东精农网院）。

5.4.2　学习激励措施

农民可以分段、间续学习，栏目专区的学习课节数量达标后，可以参加结课考试，通过考试后可领取结业证书。

为进一步提升和营造广大学员的学习积极性和氛围，广东精农网院开展多次线上学习线下送福利的活动。2021 年 4 月起，广东精农网院便启动"广东名品——徐闻菠萝"活动，在精农网院免费学习并取得学习证书的学员即可获得徐闻菠萝一份，活动累计送出菠萝 1 500 份。随后，精农学院还开展看课送茂名番薯、肥料、测土仪、电火锅等"广东名品"系列活动，均取得不错反响。

5.4.3　广东精农网院运行机制创新探索

乡村要振兴，人才是关键。当前，智慧农业、农村电商、大数据平台等现代化农业态势及应用层出不穷，强化乡村振兴人才支撑显得尤为紧迫。基于此背景，广东省农业农村厅深入贯彻中央 1 号文件精神，联合共青团广东省委、省妇联，携手省内农民职业教育平台"天天学农"合作创建广东精农网院，为广东省广大农业从业人员提供不少于 1 000 000 个免费线上学习名额，探索创建了"政府主导、多方协同、线上线下融合、农民自主"的学习机制（图 5 - 6）。

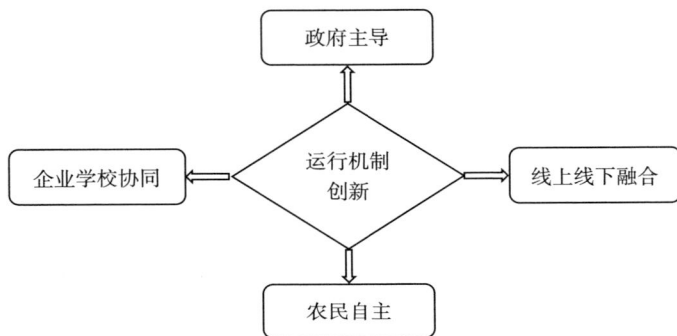

图 5 - 6　广东精农网院运行机制图

5.4.3.1　政府主导、多方协同

2021 年中央 1 号文件强调继续加强农民职业教育，培养高技能队伍和高素质农民，农业农村部也提出要培养适应产业发展、乡村建设急需的高素质农民队伍，为此，为贯彻落实习近平总书记关于"乡村振兴，人才是关键"的重要指示，努力培养爱国、爱党、懂农、会农、能农，遵纪守法的高素质农民，广东农业农村厅主导开发广东精农网院学习平台，为天天学农平台提供技术支撑，各市、县农业农村局加大力度宣传动员农民积极注册学习。

共青团广东省委组织动员广大青年人才投身乡村振兴战略的伟大实践；广东省妇女联合会号召各级妇联要充分利用妇联组织优势，引导广大农村妇女积极参加网上培训、掀起学习新高潮，争做新时代新农民；由来自乡村、企业、高校、社会的农业院士、首席专家、乡土专家组成的百人讲师团进行课程讲授；实现政府、企业、高校、社会多方协同。

5.4.3.2　线上线下融合、农民自主学习

广东精农网院提供了 8 个大类近 3 000 门课程供农民利用碎片时间灵活

学习，所以农民自主学习的积极性很高，广东精农网院已经涌现了一批学习先锋，他们踊跃参与广东精农网院线上学习，将所学的知识运用于实际工作，积极宣导、主动带领村民在网院学习。评选的第一批学习先锋如下：

谢爱铭　河源市连平县上坪镇爱鑫家庭农场法人代表；

李丽敏　乐昌市粤香粤甜种养农民合作社带头人；

刘健安　江门市高素质农民协会秘书长；

萧振涛　广州市某小学体育教师；

吴桂棠　陆丰市东海桂棠家庭农场主；

严次生　南雄市界址镇严氏生态种养家庭农场主；

朱丽花　梅州市大埔 80 后新农人；

郭　戈　茂名市茂南区农业农村局科技教育股工作人员。

八位学习先锋职业范围涵盖了家庭农场主、农民专业合作社带头人、农民协会负责人、基层教师、基层农业管理干部、新农人，他们以自己的亲身经历讲述在广东精农网院的学习过程、学习收获与感想，起到了非常好的示范带头作用。

5.4.4　总结及启示

广东精农网院自 2021 年 3 月正式上线以来，因"培训个性化、时间灵活化"等特点，破解了农民"农事忙、家事多、出门难、成本高"等难题，受到农民的欢迎，各地涌现出一批批学习先锋带头学习；一批批农业职业经理人、创业致富带头人、乡土专家等"新农人"得到不断成长，他们通过线上学习农业知识，在线下田地施展"绣花"功夫，激发了广大农民的学习积极性，据统计，截至 2021 年 10 月，学员已突破 80 万余人（微信公众号：广东精农网院）。

（1）线上培训是后疫情时代农业发展方向之一。广东精农网院通过结合农业与数字技术，在保证农民安全生产的前提下，将在一线实践的农民和钻研多年掌握关键技术的专家连接起来，促进信息流通，帮助农民开阔思路，增收致富，这是广东省将信息技术与数字农业、智慧农业紧密结合的表现，也将成为未来培育精英农业人才的"利器"。

（2）政府主导、政企互动，线上线下融合，发挥各自优势，齐心协力做好农民职业教育，是未来农民职业教育发展的大方向、新路径。因此，广东精农网院要以广东特色农业课程开发为重点，采取线上线下相结合的方式，根据农时需要，结合数字农技，充实师资力量，遴选精品课程，加强田间地头技术讲解和示范，积极举办形式多样的培训活动，逐步把广东精农网院打造成广东省各类涉农培训的一个重要窗口。

（3）要将网院链接到镇村文化站，建立文化学习志愿服务队，将文化站打造成农民学习新知识、新技术的重要场所。

5.5 特色乡村干部培养的探索——基于广东清远乡村新闻官培养的探索

2013 年习近平总书记在全国宣传思想工作会议上指出，宣传思想工作创新，重点要抓好理念创新、手段创新、基层工作创新。2018 年 10 月，习近平总书记视察清远时指出，城乡区域发展不平衡是广东省高质量发展的最大短板。要解决城乡二元结构发展不平衡问题，必须加大工作力度，制定精准措施。广东清远市首创的"乡村新闻官"制度，旨在打破城乡发展壁垒，推动乡村新闻宣传，让政府政策理论传到田间地头，将农民声音传递出去（朱文华，2018），打通基层新闻宣传"最后一公里"。

5.5.1 乡村新闻官的定义

清远市地产资源丰富，农用地约 2 500 万亩，全市有耕地面积 28.9 万公顷，是广东省的农业大市，素有珠三角后花园之称。但长期以来农村信息闭塞、城乡信息不对称，导致党的政策和理论在城乡互通上效果不明显，影响了文化、文明的传播水平。2018 年清远市创新地提出把宣传思想工作创新的重心放在基层，建立乡村新闻官制度，尝试打通基层新闻宣传"最后一公里"。

2018 年清远市创新地推出乡村新闻官制度，学术界暂无乡村新闻官的统一具体定义。乡村新闻官最初由党员干部担任，是村民的政策宣讲员、综合信息员、民事调解员、项目服务员、产品销售员。他们活跃在田间地头，售卖当地特色农产品，解决农产品无渠道售卖、滞销等问题；他们通过拍摄短视频赞美乡村、讲解村史，吸引游客走进乡村，极大地促进了乡村经济、文化等方面的发展。在任职工作期间，他们利用传播的力量，打破城乡地域限制，践行了"传思想、传文明、传文化、助致富"的职责使命，在脱贫攻坚、乡村振兴、城乡融合发展以及疫情防控中发挥了巨大作用。因此"乡村新闻官"不是专职工作，他们拥有"村干部＋新闻官"双重身份。乡村新闻官通俗说就是"农村网红"、农村形象代言人，他们通过手机直播等方式，推广农村优质农产品，又能为自己获得粉丝流量（付伟，2019）。乡村新闻官是乡村振兴的新鲜血液，主要负责对外播报即将上市的农产品信息，配合政府工作，传达"三农"政策到农村，通过"三传一助"渠道，衔接电商销售与媒体平台，推动农村经济发展（雷胜，2019）。乡村新闻官工作将新闻舆论、基层党建、乡村振兴、基层治理工作紧密地结合在一起，通过多平台赋能，赋予基层党员干部更多的能力，从而巩固党的执政基础（黄健琴，2019）。乡村新闻官是当地农民采用当地语言播报、传播当地产物的乡村代言人（邓潇丽，2020）。乡村新闻官是乡村的新闻发言人，也是基层的宣传员。

综上所述，乡村新闻官是从当地农村基层选拔的、具备良好政治素养，通过互联网对外界播报农产品信息、农村农民时事，对内用通俗语言传达"三农"政策，服务"三农"的人才。

自 2018 年推出乡村新闻官制度以来，全市共 1 000 余名乡村新闻官。通过微信公众号乡村新闻官、清远 TV、快手、抖音、淘宝等平台播报即将上市的农产品、农村活动。从 2018 年至 2021 年 5 月，公众号已推出清远播报 225 期。2020 年新冠疫情防控期间，乡村新闻官们更是从众多网红直播带货中冲出重围，解决了部分农产品滞销问题。这一制度的设置，正面宣传了清远，促进了农民增收，给农民带来了实惠，为推动绿色发展、实施乡村振兴注入了一股新鲜血液。"乡村新闻官"制度的运行，打破了城乡发展壁垒，推动了乡村新闻宣传，让政府政策理论传到田间地头，将农民声音传递到全社会，同时也为清远农村发展储蓄了后备干部。

5.5.2　乡村新闻官的选育

（1）乡村新闻官遴选。乡村新闻官不仅是乡村的新闻发言人，也是基层的宣传员，代表着政府的形象。起到承上启下作用的新闻官，遴选过程需要严谨小心。采取村委会推荐、自荐、选聘等方式，每个村推荐 1 名政治素养好、熟悉乡村工作、有较好语言表达能力的人员作为乡村新闻官候选人，实行聘任制，由各县（市、区）党委宣传部聘任，任期三年（陈健鹏，2019）。首先由乡党委政府相关负责人初审；其次，报县级宣传部门二审，进行面试；最后由市委宣传部审定，颁发证书。审核内容包括政治素养、道德品质、本职技能、群众评价和综合素质等。他们需要活跃在清远田间地头，用本地方言向村民传达外界信息，又能为乡村代言向外界讲好本土故事。因此乡村新闻官作为乡村振兴的后备干部，需要具有一定文化知识和数字技术能力。

（2）乡村新闻官培育。乡村新闻官肩负着传播文化、思想、文明的重任，以及促进当地乡村发展、农民致富的重任。不仅将政府的惠农政策传到田间地头，还要将农事信息通过媒体平台、电商平台传播出去。清远市委宣传部整合资源，成立了清远市乡村新闻官培训学院，举办乡村新闻官培训班，创建"乡村新闻官指导服务中心"。2018 年，清远市创办了乡村新闻官培训学院，对新闻官进行脱产培训。培训课程包括政策法律法规解读、农村网络舆情防控及实战技巧、主流短视频平台的操作技巧和运营宝典等。各县（市、区）宣传部定期组织培训，每位乡村新闻官每年至少轮训一次，培训方案需向市委宣传部报备。针对综合素质好的乡村新闻官，进行重点培育，推荐到一些短视频平台学习，进行结对子，面对面交流学习。如派往北京快手科技公司进行培训，请知名大流量网红助阵直播间吸引粉丝。

（3）乡村新闻官的管理。清远市政府非常重视乡村新闻官管理工作，持续推出培训政策和措施，出台了《乡村新闻官管理办法》《乡村新闻官主要职责及播报制度》《乡村新闻官奖励制度》《乡村新闻官报备制度》等工作制度，规范乡村新闻官的行为。同时中国建设银行清远分行、邮政清远分公司、农业农村、司法、文化等部门为乡村新闻官全方位赋能，为乡村新闻官的工作提供强有力支撑。

5.5.3 乡村新闻官的能力要求——基于典型案例的分析

5.5.3.1 案例简介

（1）案例 A 简介。例 A 是清远市清新区石潭镇联滘村委会水西村人。

通过集体投入、群众自筹等方式，投入约 280 万元开展"三清三拆"工作，拆除破旧房屋、整治村前水塘，建成村文化室、灯光篮球场、村民休闲公园和农村人工湿地污水处理系统等公共基础设施；通过整合资金、整合耕地林地，建立林地收入集体制、耕地收入户籍分红制；通过成立水西芦笋种植专业合作社，使村集体收入增加 30 多万元，村民年人均纯收入 2 万多元；通过注册成立清远市清新区联滘文化生态村运营有限公司，使村集体年收入达 30 多万，解决了 90 多人的就业问题；通过入股方式组建水西初心农庄（民宿）经济合作社（试营业期间营业额高达 70 多万元），为 5 户低收入户、其他农户 5 人提供就业；举办首届芦笋节，使村旅游总收入达 10 多万元，同时带动整个联滘村委会经济收入达 20 多万元。他带领村民振兴乡村的同时，还特别关爱独居老人及困难户，积极为村里的特殊群体排忧解难。其事迹多次受到《南方日报》、广东卫视等媒体的关注报道。

A 利用发达的互联网，将拍摄的村级事务上传至短视频平台，在抖音、快手、淘宝等平台进行直播带货，带动乡村经济的发展。

（2）案例 B 简介。例 B 是清远市清新区浸潭镇六甲洞村人。2014 年，B 当选为理事长。利用工作积累出的经验，他发现家乡在自然资源上有着得天独厚的优势，2016 年，他提出发展乡村旅游，建设汤泉旅游区。他带头出资入股，提出村民以资入股和以劳入股的方式，共建特色旅游区。村集体营收由 2015 年的 2 万余元增至 2018 年的 300 万元。2019 年该村成为清远市美丽乡村生态村、首批广东省文化和旅游特色村。2019 年，他入选清远市清新区人居环境整治积极分子。他利用"旅游＋扶贫"工作模式，采取建设旅游项目拉动扶贫，发展乡村旅游带动扶贫，开发旅游商品催动扶贫，助推贫困群众步入脱贫快车道，带动全镇有劳动力的贫困户人均增加年收入 700 元。

（3）案例 C 简介。案例 C 是清远市清新区太平镇秦皇山人。他以退役军人的身份加入乡村新闻官队伍，既能助力经济社会建设，又可在播报中加入国防教育和军事方面内容，更好地发挥军人模范作用。秦皇山是原中国人民解放军粤桂湘纵队开展游击战争的重要基地。目前 C 是秦皇山革命根据地纪念馆唯一的讲解员。自纪念馆开馆以来，累计接待过上万人。2021 年，通过抖音平台开设账号"红色秦皇山"，通过直播镜头为广大网友讲授一堂堂红色党课。

5.5.3.2 案例分析

（1）个人特质。案例 A：对待工作尽职尽责，求真务实。在访谈过程中，A 说道："兴趣是最好的老师，刚开始接触直播带货自己也担心不行，还被人评论普通话不标准，后来我就去参加了很多培训，不断学习新的知识，现在就越来越好了。不过，我也在想接下去怎样才能把我们水西村建设得更好，视频要怎样拍得更好。一切都是为了我们的乡村振兴"。在直播带货过程中，他遇到过卖家投诉卖的红薯称的斤数少了，他表示给网友卖的产品都是足斤足称，有保证的。在运输过程中，食物会有水分流失的情况，所以这也是卖货的困难之一，今后仍需想办法克服。

案例 B：为人谦卑、对待工作上心。在风景区建设初期，个人出资 100 万元。问及当初返乡的原因，他说主要是想趁着年轻把自己的家乡建得更好。在访谈过程中，B 对乡村未来发展有着明确规划，有明确的目标，并告诉我们今后的努力方向。

案例 C：做事勤奋，能够保持微信视频号、抖音的更新频率，善于学习，保持着积极的学习心态。除完成本职工作外，C 会利用空余时间学习红色党史知识、视频拍摄方法、参加培训等。在查阅收集资料后，能够快速整理消化，配合融媒体中心人员拍摄。平时会与其他乡村新闻官保持联系，互相学习。

（2）基础能力。案例 A：政治立场坚定，密切联系群众，能够处理好与村民群众的关系。乡村新闻官的选拔是由村内推选，经过选拔后，需要当地公安部门进行政审。A 政治面貌为中共党员，具备了良好的群众基础，因此村民发自内心地推选他。A 在担任乡村新闻官的同时，他还担任了水西村的理事长。在访谈过程中，他提到："这几年村民有什么事有什么纠纷都会来找我解决，前几天还有人因为婆媳关系的事来找我了，我给她们调解了好久。这些村里的小事大事我都要负责。包括招商引资这些，身上有这份责任，我就想把它做好。不止这些，现在防溺水宣传、疫情防控、反诈、党史等我们也都在做。"

案例 B：有大局意识和合作观念，能够团结村民群众。2016 年，B 提出利用当地资源发展乡村旅游，资源是大家共同所有的，由全村共享。因此，他发动全村村民参与建设，有钱出钱，有物出物，也可以按劳动入股，利润按股分红。建设过程中，他们聘请专人拍摄了汤泉建造的故事，传于后人。纪录片中提到了，在资金紧缺时是英德市同宗族的兄弟带着钱来帮助他们共渡难关。几十年前，英德市同宗族的兄弟的祖辈曾接受过下迳村的帮助。现在下迳村委会中还挂着族合万事兴的牌匾。

案例 C：政治立场坚定，有一定的政治理论水平，能够及时有效地收集整理与工作相关的各类信息。C 是退役军人，爱国爱党，做事雷厉风行。2021 年 4 月，与清远 MCN 签订合约，在抖音上开设账号"红色秦皇山"，讲述一百个红色故事。这些故事中多数是他通过查阅文献资料获得，或是拜访当地老兵以及人们口口相传的故事。如今他是秦皇山革命根据地唯一的讲解员，接待过上万人。

（3）专业能力。案例 A：在众多乡村新闻官中有着自己明确的定位，他通过抖音、快手等平台将自己村以及周边村的农产品卖出去，并获得了可观的收入。随着互联网的快速发展，智能手机的普及，越来越多的人开始接触网络。在 A 任职期间，他参加了新闻写作、摄影与摄像、电商带货、短视频操作技巧等培训，曾到过清华快手大学培训，与快手网红"散打哥"合作直播带货。2021 年中国农民丰收节上，他记录家乡丰收的短视频受到了光明网时政频道的重点推荐；快手微博平台上的视频播放量超 150 万。

案例 B：担任村支书，对村产业、产品等了如指掌，能够将本村特色推广出去。B 在返乡前曾从事矿山开采工作，他发现家乡的硫铁矿、自涌泉资源丰富，且几百年来，从未发生过干旱，他带头开发小华山风景区。担任清远精武体育协会浸谭分会会长，引进文武学校、康养院，充分利用了下迳村丰富的自然资源。通过游客带货，与校企合作推销售卖当地农产品，带动了当地的经济发展。

案例 C：能够分析乡村优劣势，熟练运用短视频平台。访谈中 C 提到未来乡村振兴过程中，将以"以红带绿"的方式发展乡村。利用丰富的红色资源带动农业的发展，带动乡村经济的发展。

（4）比较分析。从个人特质、基础能力、专业能力三个方面，对案例 A、B、C 三位优秀乡村新闻官进行比较分析可知，三位乡村新闻官具有如下共性特征：

一是政治立场坚定、具有良好的沟通能力、热爱农村。三位乡村新闻官政治面貌均为党员，在访谈过程中佩戴党徽；具有一定的政治理论水平，坚持正确的政治方向，善于做好群众思想工作。热爱家乡，热心建设家乡。

二是为人正直、工作尽责、善于学习。在担任乡村新闻官的同时，他们还是村支书、村理事长，日常工作繁忙；但是都对待工作尽职尽责，对工作、自我有一定的自信心，善于学习，能够保持积极的学习心态，能通过不断学习来强化自身技能提升。

三是农业专业知识扎实、了解农村、充分发挥各村所长。三位乡村新闻官对本村的产业、产品、乡村文化、习俗等了如指掌；虽然能力存在差异，但均能充分发挥各村所长，制定符合本村的发展定位。案例 A 多次参加电商直播类、摄影摄像类等培训，专业知识技能侧重于电商知识和融媒体的运用，在抖音、快手平台拥有大量粉丝，设置有专业的直播带货工作室，保持一周一更或两天一更新的频率，不定期在快手、抖音、淘宝平台进行直播带货，并被邀请作为讲师为新乡村新闻官做直播类培训。案例 B 有较好的大局意识和全局意识，注重于对村庄发展的长期规划，案例 B 所在村人员姓氏构成单一，以"族合万事兴"为训，能够将村民的心紧紧凝聚在一起，合力进行乡村建设。案例 C 是退役军人，所在村秦皇山是革命根据地，C 侧重于红色资源的开发、红色文化的承传，在助力乡村经济建设的同时，还能在播报中加入国防教育和军事方面内容。

5.5.4 结论与启示

清远市自推出乡村新闻官制度至今已三年，受到多方关注。中央电视台《新闻联播》将乡村新闻官视为全国基层工作创新的典型案例进行报道。2019 年这一制度被评为"粤治——现代化"优秀案例。三年的探索和实践表明，乡村新闻官为乡村振兴注入了新鲜血液。在播报农事、推广农产品、助力农村文明建设等方面的优势日益凸显出来。乡村新闻官的出现，显示在乡村振兴实施过程中，对村干部的能力提出了新的要求，村干部肩负着传播文化、思想、文明的重任，以及促进当地乡村发展、农民致富的重任。乡村振兴新时期村干部的培育，应主要从以下几方面着手：

（1）按照懂农业、爱农村、爱农民的要求，加强各级"三农"干部队伍的培养、配备、管理和使用，全面提升各级干部特别是领导干部做好"三农"工作的能力水平，要不断锤炼党性、坚定政治立场，培养大局意识、全局观。

（2）要着重培养数字化意识与沟通表达能力，应掌握基本的数字化技术能力，推动数字乡村发展；要掌握现代传播知识，能够充分利用融媒体，对外更好更快地宣传乡村，对内精准传达国家政策。

（3）村干部的培育因地制宜，因材施教。各镇、乡村资源不同，发展各有侧重。要制定不同的培训主题班，为村干部提供更精准的培训与服务。实施"两委"干部队伍建设头雁提升、群雁建强、雏雁培育"三项计划"，实施农村干部能力素质提升行动。

第6章　广东依托人才驿站集聚和
　　　　培育乡村振兴人才的探索

实施乡村振兴建设美丽乡村，最重要的是人才，但是改革开放以来，城乡差距在扩大，城乡二元经济结构的矛盾也趋于强化，农村人才"引不进、留不住、用不好"一直是困扰农村基层发展的瓶颈。自2016年6月起，广东创新"不求所有、但求所用"的柔性引才机制，启动"扬帆计划"人才驿站平台建设，至今各地人才驿站通过"驿站进镇村""专家请进门""培训到地头"等方式，破解广东经济欠发达地区引才困局，形成了助力增收致富和乡村振兴的人才聚集和培育体系。

6.1　广东省人才驿站的功能定位

2013年广东省政府出台了《关于进一步促进粤东西北地区振兴发展的决定》，广东省委组织部、省财政厅牵头，联合省科技厅、省人力资源和社会保障厅组织实施2013年"粤东西北地区人才发展帮扶计划（扬帆计划）"，帮助粤东西北地区突破人才短缺的"软瓶颈"，大力支持粤东西北地区振兴发展。"扬帆计划"主要包括三大项目：粤东西北地区"竞争性扶持市县重点人才工程"项目、粤东西北地区"引进创新创业团队和紧缺拔尖人才"项目及粤东西北地区"培养两高（高层次、高技能）人才"项目。2016年广东省为加快粤东西北地区振兴发展，加大帮扶粤东西北地区人才发展力度，搭载"扬帆计划"，启动人才驿站项目建设（粤人才办〔2016〕4号），创新性地提出"不求所有、但求所用"的柔性引才机制。

驿站，是古代供传递军事情报的官员途中食宿、换马的场所，是古代信息传递交流的场所。人才驿站，指的是人才交流的聚焦地，进一步拓展为积极拓展渠道引才，大力培养本土人才，推动人才资源集聚，为人才提供服务的综合平台，要让人才来得了、留得住、用得好。人才驿站的主要任务包括集才、引智、培训、服务，即：建立动态人才需求库和对接平台，发布信息，柔性引进急需人才；为人才提供政策咨询、沟通协调等服务；开展招才引智洽谈会、科技成果转化会活动；开展专业人才培训活动（粤人才办〔2017〕11 号）。截至 2020 年，茂名、潮州、河源等 14 个地市建成市、县（区）、镇（村）各级驿站 364 个，在当地骨干企业设置分站 123 个，建成配套服务基地 153 个，形成"总站＋分站＋服务基地"的布局，基本实现粤东粤西粤北地市全覆盖。各地人才驿站聚焦增收致富，依托驿站多形式柔性引才用才、聚才育才，为乡村振兴提供人才支撑，有效带领低收入人口增收致富，助推当地经济产业发展。2021 年广东省又提出要重点支持 100 家左右县级乡村振兴人才驿站，推动驻镇帮镇扶村工作的 600 个重点帮扶镇建设镇级乡村振兴人才驿站，充分发挥乡村振兴人才驿站引才、聚才、育才和服务人才平台作用，将其打造成为各涉农县和重点帮扶镇乡村人才振兴工作的主要阵地和支撑乡村振兴发展的重要平台（粤人才办〔2021〕2 号）。

6.2　广东省人才驿站建设的典型案例

从 2016 年广东提出搭载"扬帆计划"，启动人才驿站项目建设以来，各地市根据实际情况，创新性地开展人才驿站建设，涌现出一批具有典型性和特色的人才驿站。

6.2.1　清远人才驿站

清远市人才驿站于 2016 年 1 月成立，由清远市委组织部（市人才办）、清远市人力资源和社会保障局（市人才就业中心）共同管理，目前已建立服务站点近 40 个，包括：市级站点（总站）1 个，产业园区直属分站 3 个，县（市、区）分站 8 个和连樟乡村振兴人才驿站，乡镇企业和农业专家服务站（点、基地）26 个，基本形成"总站＋分站＋镇村服务基地"的三级联动人才服务网络体系，2017 年以来连续在广东省人才驿站绩效考核中获得优秀等级，是广东省示范人才驿站。清远人才驿站的功能是："集聚人才、凝聚智力、服务发展"，但总站、分站、服务点各有重点，各有特色（图6-1）。

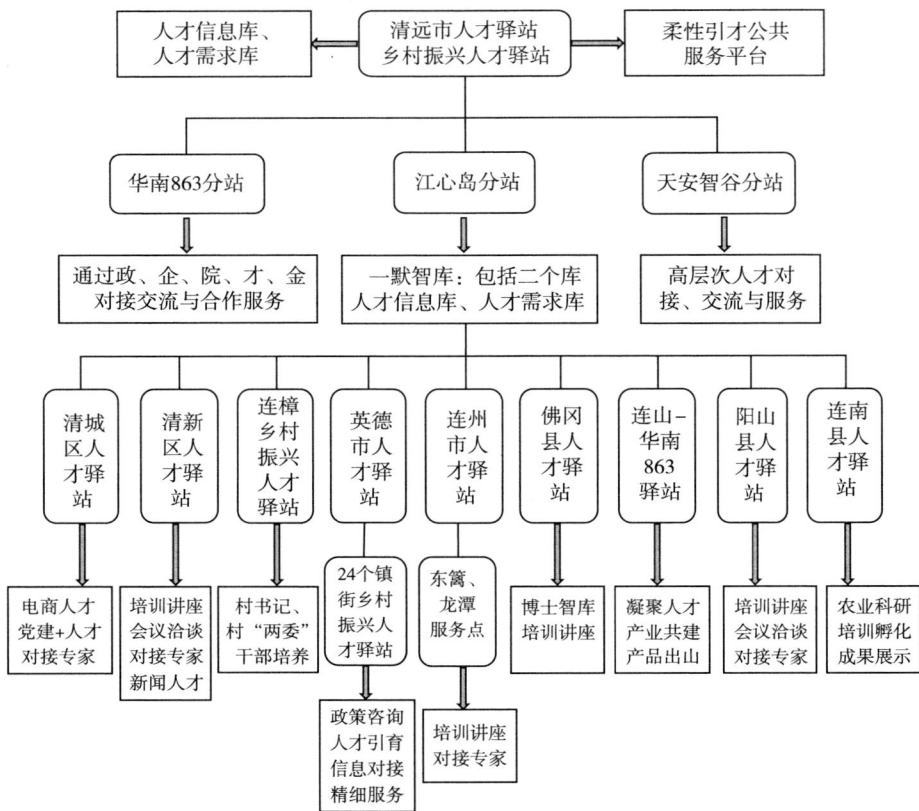

```
人才信息库、        清远市人才驿站        柔性引才公共
人才需求库    ←→   乡村振兴人才驿站  ←→   服务平台
```

```
华南863分站          江心岛分站           天安智谷分站

通过政、企、院、     一默智库：包括二个库   高层次人才对
才、金对接交流与合   人才信息库、人才需求库  接、交流与服务
作服务
```

| 清城区人才驿站 | 清新区人才驿站 | 连樟乡村振兴人才驿站 | 英德市人才驿站 | 连州市人才驿站 | 佛冈县人才驿站 | 连山-华南863驿站 | 阳山县人才驿站 | 连南县人才驿站 |

```
电商人才      培训讲座      村书记、     24个镇       东篱、        博士智库     凝聚人才      培训讲座      农业科研
党建+人才     会议洽谈      村"两委"     街乡村       龙潭          培训讲座     产业共建      会议洽谈      培训孵化
对接专家      对接专家      干部培养     振兴人才     服务点                     产品出山     对接专家      成果展示
              新闻人才                  驿站
                                       政策咨询     培训讲座
                                       人才引育     对接专家
                                       信息对接
                                       精细服务
```

图6-1　清远市人才驿站（乡村振兴人才驿站）架构图

（1）清远市人才驿站总站，主要功能是建设好"两库一平台（公共服务平台、人才信息库、人才需求库）"综合管理服务系统，为政府和高层次人才搭建沟通桥梁，为各类人才做好精细服务；具体分为华南863分站、江心岛分站、天安智谷分站三个产业园直属分站，每个分站的服务各有重点，主要聚焦高端人才的服务和靶向引进。

（2）县（区）人才驿站，主要功能是依据各县（区）实际情况，发挥人才驿站集聚人才、凝聚智力的作用，为各类人才提供精细服务，对接专家为农民开展培训、咨询、指导服务，2021年清远市依托原人才驿站成立8个县（区）级乡村振兴人才驿站，聚焦乡村人才振兴等重点任务，率先实现乡村振兴人才驿站全县域覆盖，为激活人才引擎，赋能乡村振兴，各县各有特点，如，清城区主要集聚和培育电商人才，突出"党建＋人才"特色；清新区突出乡村新闻人才的培养，通过技能培训、政策扶持、平台赋能等方式，进一步提升乡村新闻官履职"三传一助"的水平，打通宣传引导服务群众的"最后一公里"；英德市实现全域24个镇街都设立了乡村振兴人才驿站，将人才驿站的服务下沉到镇街；连山县与华南863分站共建乡村振兴人才驿站，聚焦产业发展、产品出山，以连山（华南863）乡村振兴人才驿站为载体，以连山企业、农户需求为抓手，为连山乡村振兴产业发展提供智力支持，以引智促进产业发展，以产业带动劳动力就业创业；阳山县人才驿站通过"引进来"与"走出去"相结合的方式，组织开展农村创业青年"领头雁"培训、农村电商人才培训、农村实用人才培训等各类乡村振兴培训班，2021年累计培训青年乡村振兴人才300多人次，为乡村振兴赋能（微信公众号：清远人才驿站）。

（3）连樟乡村振兴人才驿站，将聚焦村（社区）党组织书记、"两委"干部和后备干部人才队伍的培育培训、学习成长、交流平台建设，以培育、孵化懂农业、爱农村、爱农民的村（社区）乡村振兴带头人，为广东乡村振兴提供人才支撑。

6.2.2　梅州市新农人驿站

梅州市人才驿站采用"总站＋分站＋基地"的模式分期分批建设，逐步形成市级总站为统领、行业人才驿站为节点、县级人才驿站为支点、创新创业平台为基地的四位一体的梅州人才驿站体系，打造成柔性引才的公共服务平台，对接梅州市经济社会发展需求，靶向引进区域外各类优秀人才，为梅州市产业发展、技术攻关、人才培养等提供智力支持。

梅州市新农人人才驿站由梅州市人才工作领导小组办公室、梅州市农业农村局指导，由梅州市顺天乡创管理有限公司建设并运营管理，2019年12月正式运营，2021年5月18日，依托梅州市新农人人才驿站成立梅州市乡村振兴人才驿站，更加聚焦乡村振兴人才集聚和培育，梅州市新农人驿站的功能及服务见图6－2。

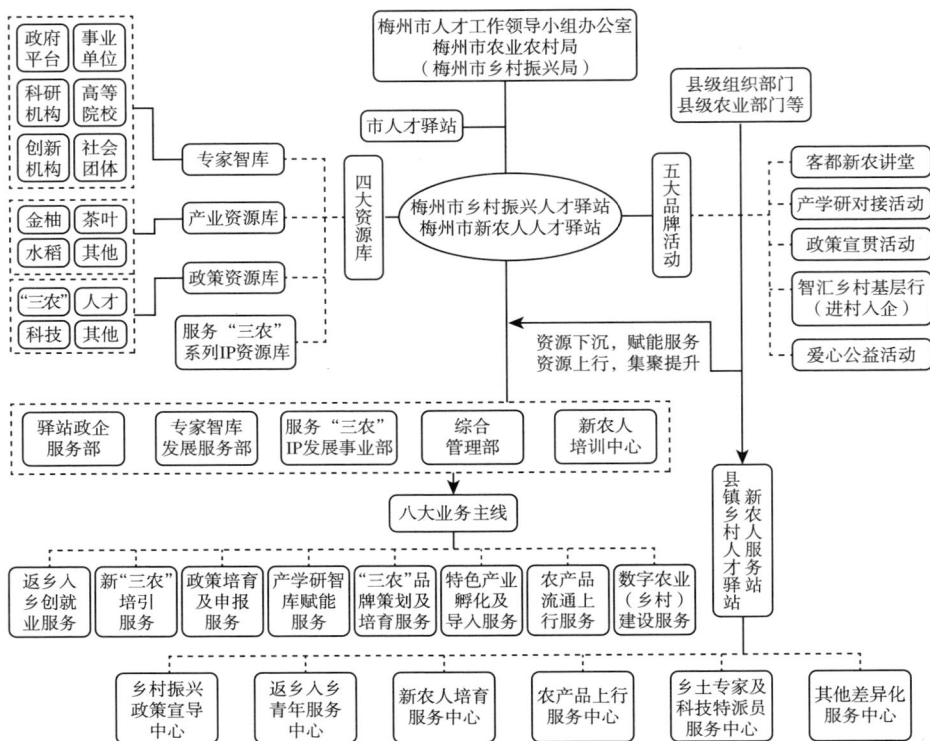

图 6-2 梅州市新农人及乡村振兴驿站架构图

梅州市新农人驿站的功能定位是："构建平台、凝聚人才、对接产业、落地政策、服务三农、推动发展"，结合梅州实际，积极探索实践，实现引才引智、人才孵化、产业培育、信息共享等功能（微信公众号：梅州市乡村振兴人才驿站）。

（1）引才引智。通过驿站，集聚华南农业大学、广东省科创中心、嘉应学院等高等院校、科研院所等专家人才 470 多名，为梅州提供智力支持，较好地发挥了引智功能。

（2）人才孵化和培育。通过驿站，采取线上线下相结合的方式，积极组织和实施广东高素质农民培育工程、广东百万农民线上培训工程及梅州市"扬帆计划"培训等，2020 年以来，组织线下培训 190 多场次、培训 6 500 余人次，线上培训 11.3 万人次；设立农商品直播电商中心，培育了一批"网红"人才；较好地发挥了人才孵化和培育功能。

（3）服务"三农"。为全市新农人提供人才、投融资、科研院所及政策资源等赋能服务，先后举办研学赋能乡村、客都研学主题沙龙等各类人才活动 36 场，惠及 400 多个村企或个人；指导农户采用"短视频＋网红"模式开展产品销售，促进农民增收，较好地发挥了人才驿站的平台和服务功能。

6.2.3　三水区乐坪镇人才驿站

广东省佛山市三水区乐平镇人才驿站是乐平镇公共服务办公室下属的人才服务机构，成立于 2019 年 4 月，是广东首家镇级人才驿站，是集新时代文明实践站与党群服务中心为一体的政企服务综合站点，以"凝聚智力、集聚资源、服务人才、促进发展"为原则，打通人才服务的"最后一公里"，为乐平镇产业发展、技术攻关、人才培养提供智力支持。乐平镇结合本地农业产业发展需要，与广东高校建立乡村振兴人才联合培养基地、研究生联合培养基地等，充分利用高校和企事业单位的优质资源，共同培养高层次应用型人才，实现产、学、研的良性互动。2020 年三水区乐平镇与华南农业大学建立硕士研究生联合培养基地，该基地也是华南农业大学首个镇一级的研究生联合培养基地，先后组织 90 余名农业硕士研究生，近 100 名人力资源管理本科毕业生到基地参观实习，5 名研究生入驻基地；乐平镇人才驿站为学校导师和研究生提供更多的学习、研究、实践平台，让研究生在这里找到合适的选题，帮助他们解决实际问题，提高实践能力，实现高层次应用型人才培养目标；帮助乐平企业链接高校优秀生源，为企业输送人才和技能血液，推动产学研协同创新。通过多方合作，建立一对一、一对多甚至多对多的帮扶机制，探索新农科高层次人才培养机制，助推乡村振兴。其功能结构见图 6-3（微信公众号：人才乐平）。

（1）柔性引才。依据乐平产业结构和产业分布，对接院校、企业，建立高层次人才需求库，通过技术咨询、项目合作、技术入股、学术交流等多种方式，实施"不求所有、只求智力服务"的柔性引才计划。

（2）打造虚拟人力资源产业园。建立乐平人才数据库、人才需求数据库、人才信息发布平台的"二库一平台"管理服务系统，加强个人、企业、机构的链接，形成人才服务的生态链，构建虚拟人力资源产业园。

（3）专业服务。提供为企业和个人提供人才政策咨询、人才供求信息咨

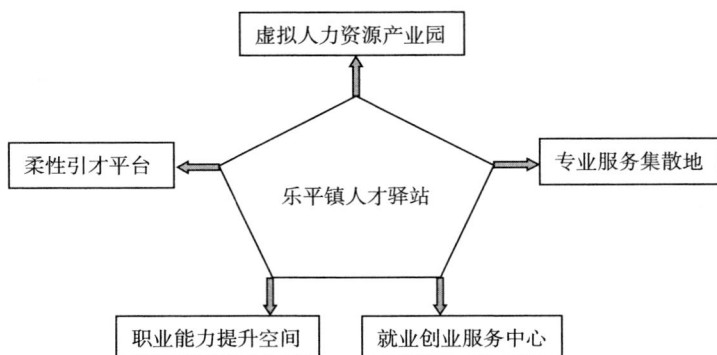

图 6-3　三水区乐平镇人才驿站功能图

询、人才自我提升、职业生涯规划、企业管理咨询等专业服务，为镇域内企业提供"一站式""管家式"服务，解决人才服务"最后一公里"问题。

（4）职业技能提升。开展职业技能培训、职业素养和通用能力提升等培训。

（5）就业创业服务。为各类人员提供就业创业指导、职业生涯发展规划、创业培训等服务。

6.3　广东省人才驿站聚才、育才机制创新探索

广东省依托"扬帆计划"建设省市镇（村）三级人才驿站及配套服务基地，搭建起"总站＋分站＋服务基地"的特色化服务平台，发挥着凝聚人才、对接产业、服务企业的作用，推动广东乡村发展。广东省各地市人才驿站主要围绕"集聚各路英才、悉心培育本乡土人才、为人才提供精细服务"三方面创新性开展工作（图 6-4）。

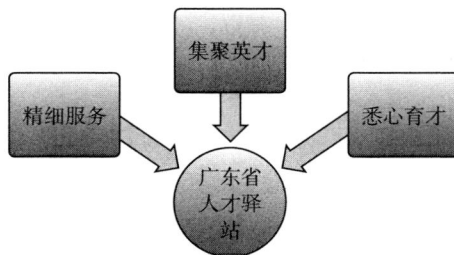

图 6-4　广东省人才驿站运行机制

6.3.1　集聚人才机制的创新

（1）集聚天下英才，努力发挥"头雁效应"。"头雁效应"指雁群中领头飞的大雁，能够划破长空，克服一切困难和阻力，带领雁群飞向目的地。各地将人才驿站作为重要抓手，统筹人才需求，突破地域限制，实现"不求所有、但求所用"的一种柔性引才机制，坚持以产业需求为导向，通过引进院士、特聘专家、行业领军等人才，形成高端人才引领的"头雁效应"，汇聚更多博硕青年人才进站，开展技术攻坚，促进技术成果与贫困地区需求紧密联动，促进农民增收致富；清远市柔性引进 9 名院士、多名海外高端人才项目带头人，促成新材料领军人才徐峻教授、周广滨博士等 54 个人才项目落地。茂名市引进院士等高端人才 134 人，推动成立"茂名绿色化工研究院"和"茂名国家高新区绿色化工与新材料中试基地"。阳江市组织 100 多名博士进市，促成盖钧镒院士团队、广东省科学院焊接技术研究所等 20 多个博士团队签订合作协议（2021）。

（2）积极对接"科技特派员"，为建设"一镇一业，一村一品"提供智慧锦囊。充分发挥人才驿站的沟通桥梁作用，积极对接科技特派员，引进项目助力当地企业发展，积极协调引导服务对象就地用工，优先吸纳本地低收入户，实现产业发展与增收致富相结合，带动当地产业发展。如清远市连山县通过人才驿站，密切联系"陈嗣建育种创新工作室"团队，帮扶培养本地科技创新人才 70 名、持证上岗农业种植技工 490 名，每年组织 600 多家农户开展合同制种植 2 000 多亩农田，带动户均增收 1.6 万元（广东省人力资源和社会保障厅，2020）。云浮市新兴人才驿站引入华南农业大学吴珍芳教授，促成温氏集团采取"企业＋农户"合作模式，带动合作农户增收 164.3 亿元。肇庆市怀集县人才驿站为当地岳山茶场建立博士工作站，引入华南农业大学茶学博士张凌云教授等专家，促进当地产值增长 20%，实现企业发展与农户增收双丰收。

（3）集聚乡村能人，促进乡村能人投身乡村建设。各地根据实际情况，出台系列政策扶持人才回乡，支持外出乡村能人回乡就业创业，让他们"回得来""留得住"，并投身乡村建设的大舞台。如云浮市新兴县出台了系列政策扶持人才回乡，支持外出人才回乡就业创业，并通过"搭建平台呼唤外出人才回乡"的方式，形成了比较完善的集聚人才的模式。新荔种植合作社通过外出乡村能人牵线引进国家级专家，解决了香荔种植的关键技术问题，提升了品质，增加了农户整体收入。

6.3.2 培育人才机制的创新

（1）创新小农户培训方式。各地人才驿站结合产业发展特色和生产环节，针对小农户种植农产品操作不规范、技术不到位等实际情况，创建小农户扶智班，充分调动农民参训积极性，"授人以渔"，提高小农户素质，实现持久增收致富；各地市人才驿站围绕本地农业种植等重点领域，对低收入户实施人才结对帮扶，并在农产品生长的关键时节组织农技人才、联合本地区行业协会和种植加工企业对小农户进行从业培训及现场指导。2019 年，广东省各人才驿站共组织农村劳动力培训 4 223 人，其中农村劳动力技能提升培训 564 人，专项技能帮扶培训 3 659 人。如，2019 年茂名市分界镇针对部分农户种植农产品操作不规范、技术不到位的情况，人才驿站制定了智力扶贫挂钩安排表，围绕龙眼种植及加工、果菜和红烟种植等重点领域，对贫困户实施人才"一对一""一对多"结对帮扶，在果蔬生长的关键时节组织农技人才现场指导，促进贫困户增收增益；阳江市人才驿站引入高技能人才，采取以工代训、集中培训、送教上门等方式，开展进乡镇、进社区等"点对点""一对一"的精准培训，帮助贫困人员提升知识技能；梅州市人才驿站依托"粤菜师傅"培训工程，组织专业师资送教下乡，发挥梅县厨师资源特色，累计培训餐饮服务从业人员超千人，带动村民致富，获得"广东厨师之乡"称号。

（2）创建"党员＋人才"双向培育机制。探索"党员＋人才"双向培育模式，培养和发展农村青年加入党组织，发挥乡村青年党员在乡村振兴中的先锋模范带头作用。清远佛冈是广东省首个县级人才驿站，致力探索"党员＋人才"的双向培育模式，清远佛冈通过县人才驿站"红智"党建，深入推进党建引领，精准服务引进人才，与广东省第二中医院等党组织开展支部共建，充分发挥企业党组织聚才育才的作用，以"结对共建＋共享优势"凝聚更多的党员人才，让企业人才走进佛冈，促进佛冈本土人才成长。

（3）探索跨区合作培育机制。各地市积极探索与珠三角洲地区跨区合作培育人才的机制，充分发挥人才驿站的平台作用和珠三角地区人才资源优势，促进大湾区与粤东西北地区的人才和项目技术深入对接、交流和共享，助推"融珠入湾"和经济社会高质量发展。

如 2020 年，深圳组织约 60 名专家组团走进清远，开展深圳、清远两地人才与技术项目对接交流，深圳专家针对清远企业代表面临的技术难题、人才项目需求等进行精准对接，两地公司、协会等还通过签署协议的方式建立合作，共同构建人才培养与交流机制，为两地提供人才支撑。

6.3.3　服务机制的创新

人才驿站致力于"两库一平台"（人才需求库、人才信息库、公共信息服务平台）的打造，尝试创新服务人才、服务产业、服务乡村振兴。

（1）人才驿站是链接人才、企业、产业园、产业、项目甚至镇村和农民的服务阀。通过人才驿站，依托产业园区、骨干企业、重大项目、重点产业，实现人才、技术、产业乃至镇村、农民的精准对接。人才驿站能够紧紧围绕当地主导产业和社会需求，联络和对接高层次人才或团队。通过帮助企事业单位通过技术咨询、成果转化、项目合作、技术入股、学术交流等多种方式，柔性引进急需紧缺人才；实现人才与企业的精准对接，进一步为有意向来当地创新创业的优秀人才做好联系、协调和服务工作。

（2）人才驿站是创新资源及创新服务的集聚区，通过人才驿站聚焦人才、信息，推动企业技术需求与高校智力资源对接，推动产学研协同创新、创新资源聚集使之成为专利技术孵化产业园、区域性孵化基地、青年创新创业中心。

（3）人才驿站是技能人才的培训基地。通过人才驿站，依托开展"粤菜师傅""广东技工""南粤家政"及农村电商、乡村工匠等培育工程，培育高素质技能农民、产业技术工人、经营法人、乡村工匠、文化能人、非遗传承人和创业致富带头人。

6.4　结论与启示

综合以上分析，广东省通过探索建立人才驿站，较好地发挥了集聚人才、培育人才、服务人才的功能与作用，为广东乡村振兴集聚了各类急需的技术人才，培育和提升了农民技能，为实施乡村振兴战略探索了一条有效的人才集聚和培育路径。但目前人才驿站布点集中于市级、县级，镇级人才驿站极少，人才聚焦、培训和服务仍存在"最后一公里"障碍。针对以上问题，本研究提出以下建议。

（1）要加快完善乡村振兴人才驿站体系，加强对接人才下沉的平台支撑，既要加快镇级人才驿站建设的进程，在人口较多的行政村建立人才服务点，真正形成市、县、镇（村）三级驿站，分类集聚、培育和服务人才。

（2）依托镇级人才驿站或村级人才服务点，建立高素质农民培训基地、企业科技特派员工作站、大师工作室站、网络培训站等，打通乡村农民培训、指导、咨询、服务等的"最后一公里"，为全面推进乡村振兴提供坚实的人才支撑，为发展"一镇一（多）业，一村一（多）品"提供"智慧锦囊"。

（3）驿站应通过链接"高等院校、科研院所、示范基地、社会组织"等资源，着力构建协同联动运营机制，加快乡村人才培育、引进，赋能乡村振兴。2022年初广州国家农业科创中心刘玉涛主任考察梅州市新农人驿站时提出，驿站应以人才引进和培育作为突破口，围绕生产及经营体系真正实现科学、闭环的赋能服务，驿站应内塑外联，持续链接资金、人才、科研、政策等资源，夯实驿站的服务力量，创新驿站的服务体系和模式，各地打造差异化的特色人才平台，使平台服务更具可执行性（微信公众号：梅州市乡村振兴人才驿站）。

第 7 章　依托非全日制农业硕士培养乡村振兴高层次人才的探索

　　实施乡村振兴战略，是党的十九大作出的重大决策部署，是决胜全面建成小康社会、全面建设社会主义现代化国家的重大历史任务，中央提出要坚持农业农村优先发展，按照产业兴旺、生态宜居、乡风文明、治理有效、生活富裕的总要求，加快推进农业农村现代化，走中国特色社会主义乡村振兴道路，让农业成为有奔头的产业，让农民成为有吸引力的职业，让农村成为安居乐业的美丽家园。乡村振兴，关键在人，应把人才作为突破口和牛鼻子，实施人才强村战略。乡村振兴对农业高校提出了新的要求，农业高校应培养造就懂农业、爱农村、爱农民的专门人才，为全面推进乡村振兴、加快农业农村现代化提供有力的人才支撑。华南农业大学发挥师资优势，依托非全日制农业硕士，探索出了一条为广东培养输送留得住、能力强、有活力的高层次乡村振兴人才的重要途径。

7.1　农业硕士专业学位的发展演进和人才培养定位

7.1.1　农业硕士专业学位的发展演进

　　专业学位普遍被认为是一种与行业专业技术职务聘任以及行业需求密切相连的学位。我国于 20 世纪 90 年代初开始实行专业学位教育制度，目前专业学位种类达到 40 种，拥有硕士、博士两个层次。1999 年，为满足我国农业现代化和农村发展对高层次专门人才的迫切需求，国务院学位委员会批准设置了农业推广硕士（Agricultural Extension Master，MAE）。2015 年，正式更名为农业硕士专业学位（以下简称农业硕士），与农业技术推广和农村发展领域任职资格相联系，涵盖农艺与种业、资源利用与植物保护、畜牧、渔业发展、食品加工与安全、农业工程与信息技术、农业管理和农村发展等 8 个领域，培养方向涉及种植养殖技术类、农业与食品工程类、农村发展与服务管理类三个学科类别，培养了数以万计的高层次农业领域的复合型、应用型人才。2016 年对在职农业推广硕士进行了改革调整，农业硕士分非全日制和全日制两种形式。非全日制农业硕士：指招收在从事其他职业或者社会实践的同时，采取多种方式和灵活时间安排进行非脱产学习的研究生，与全日制同时报名考试录取，统一培养方案进行培养；通过学位论文答辩后可获得非全日制农业硕士学历与学位证书。

7.1.2　农业硕士人才培养的定位

习近平总书记指出广大理论工作者要"从国情出发，从中国实践中来、到中国实践中去，把论文写在祖国大地上"。农业硕士是培养乡村振兴高层次人才的重要途径，农业硕士专业学位研究生应具备扎实的专业基础理论和实践应用的能力，以及较强的创新意识，应坚定践行把农业硕士学位论文写在祖国乡村振兴的大地上。践行这一理念，必须解决两个问题：一是学位论文选题，要从乡村振兴实践中来、到实践中去。二是要解决乡村振兴中的问题，就必须培养农业硕士研究生看问题的眼力、谋事情的脑力、察民情的听力、写报告的笔力，简称"四力"。

华南农业大学作为首批培养农业硕士的地方高校，学校全面落实立德树人的根本任务，面向广东区域经济和社会发展的需求，依托非全日制农业硕士培养了大批综合素质高、富有社会责任感和创新精神的"一懂两爱"、扎根基层的高层次农业专门人才，服务广东乡村振兴战略。为乡村振兴和地方繁荣做出了应有的贡献。

7.2　华南农业大学非全日农业硕士招生情况

华南农业大学自 2000 年招收在职农业推广硕士（毕业后获得学位证书），2012 年招收全日制农业硕士，2017 年招收非全日制农业硕士（毕业后获得学历、学位证书）。非全日制农业硕士主要培养单位为经济管理学院。

7.2.1　招生领域分布

华南农业大学从 2017 年招收非全日制农业硕士（农村与区域发展），2018 年后培养的领域主要是农业管理、农村发展领域。由表 7-1 可知，2017 年招收 81 人，2018 年增加到 144 人，2019 年增加到 229 人，2021 年增加到 278 人，并且复试分数线高于国家线，2022 年非全日制农业管理领域与非全日制农村发展领域的报考人数是 2021 年的 1.76 倍，单个领域的报名人数达近 900 人。从一定程度上反映出随着乡村振兴的深入推进，乡村对高层次乡村振兴人才需求量越来越大，非全日制农业硕士在广东农村基层深入人心，已成为培养乡村振兴高级人才的重要途径。

表 7-1　2017—2021 年非全日制农业硕士招生专业人数分布

年份	农村发展领域	农业管理领域	小计（人）
2017	81	0	81
2018	84	60	144
2019	108	121	229
2020	115	126	241
2021	125	153	278
合计	513	460	973

7.2.2　生源分布特点分析

2017—2021 年非全日制农业硕士主要来自梅州（282 人，28.98%）、河源（250 人，25.69%）、潮汕揭地区（204 人，20.97%；主要来源于潮州、汕头、揭阳等）、广州周边地区（237 人，24.36%；主要来源于肇庆、清远、花都等地），这些区域是广东的主要农业产业区域之一，也是广东乡村振兴的主战场之一（图 7-1）。

进一步分析非全日制农业硕士工作单位构成可知（图 7-2），排在第一位的是来自乡镇（街道）的占 23.27%，来自基层企业及银行机构的 13.07%，来自基层学校（中小学、职校、农校、地方高校等）的 8.18%，来自县区农业农村局、林业、国土资源、水利、食品药品市场监督等的占

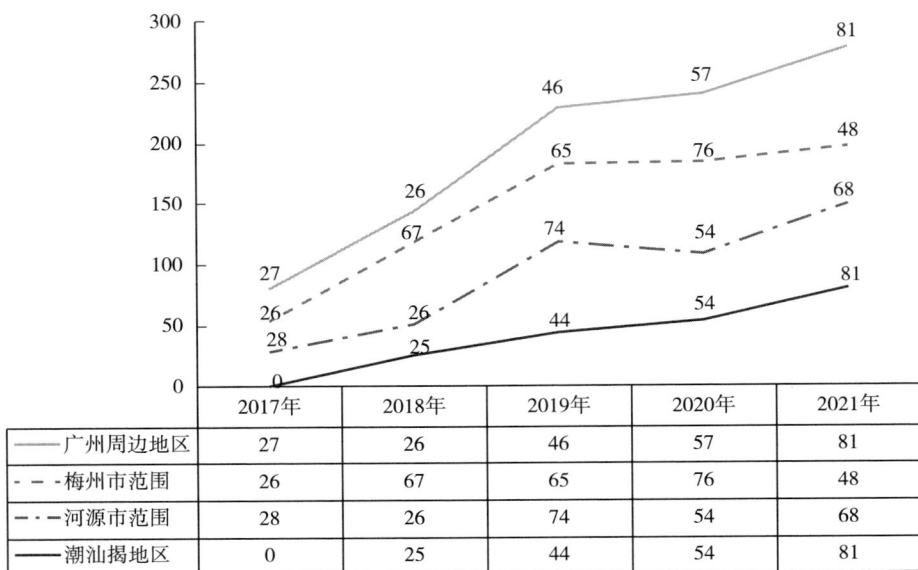

	2017年	2018年	2019年	2020年	2021年
——广州周边地区	27	26	46	57	81
- - -梅州市范围	26	67	65	76	48
- · -河源市范围	28	26	74	54	68
——潮汕揭地区	0	25	44	54	81

图 7-1 2017—2021 年非全日制农业硕士生源地分布（堆积）图

7.23%，来自县区财政与税务系统的占 6.91%，来自县区公检法的占 6.59%，来自县区组织与人力资源和社会保障部门的 3.29%，他们都是奋斗在乡村振兴第一线的乡村振兴带头人、企业创业家、基层管理者、执法者等，他们迫切地希望通过非全日制的学习方式，提升自己的学历学位，更重要的是学习提升胜任乡村振兴工作的知识和能力。

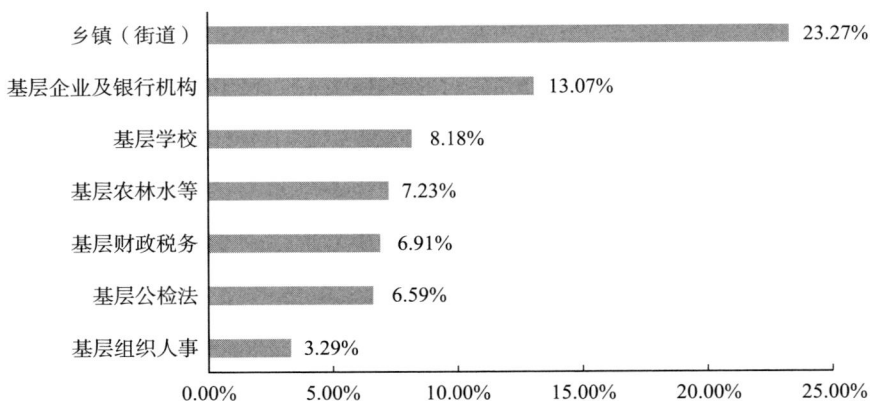

图 7-2 2017—2021 年非全日制农业硕士工作单位分布

7.3　华南农业大学非全日制农业硕士的培养机制

新时代改革开放和社会主义现代化建设的丰富实践是理论和政策研究的"富矿"，广大理论工作者要"从国情出发，从中国实践中来、到中国实践中去，把论文写在祖国大地上"。非全日制农业硕士专业学位研究生是培养乡村振兴高层次人才的重要途径，必须坚定践行把学位论文写在祖国乡村振兴的大地上。

践行农业硕士将学位论文写在祖国乡村振兴的大地上，必须解决两个问题：一是农业硕士研究生学位论文的选题问题，论文选题必须聚焦乡村振兴、解决"农业、农村、农民"问题，从乡村振兴实践中来、到乡村振兴实践中去。二是农业硕士研究生职业能力培养问题，要坚持深入调查研究，使理论和政策创新有根有据、合情合理，创新符合实际、解决问题，就必须培养农业硕士研究生看问题的眼力、谋事情的脑力、察民情的听力、写报告的笔力，简称"四力"。

7.3.1　强化专业实践

（1）服务地方乡村振兴和粤港澳大湾区建设需要，将乡村振兴职业能力培养融入课程体系，即将专业实践标准融入研究生培养计划，为培养农业硕士研究生职业能力提供制度保障。培养农业硕士研究生看问题的眼力、谋事情的脑力、察民情的听力、写报告的笔力，简称"四力"，即乡村振兴职业能力，关键的环节是学生专业实践。

遵照教指委指导意见，在培养方案中对专业实践环节作出明确规定，将专业实践标准融入研究生培养计划，要求所有研究生进行累计不少于 6 个月的专业实践训练。非全日制农业硕士与全日制农业硕士执行同一培养方案、同一培养质量要求。非全日制农业硕士基于所在工作岗位开展专业实践训练，专业实践内容包括产业振兴、人才振兴、文化振兴、生态振兴、组织振兴及粤港澳大湾区建设等各个方面，以案例分析、研究报告、实证分析等形式呈现专业实践的成果，并要求所有学生必修或必选文献综述与写作方法、社会调查研究方法，以提高调查问题、分析问题的能力和写作表达能力。

（2）构建"分段实践＋独立实践"相结合的多元专业实践模式，确保非全日制学生"四力"培养效果。

非全日制农业硕士研究生的专业实践实行"导师组分段实践＋自己工作独立实践"相结合。非全日制农业硕士研究生主要来自农村基层，具有一定的"眼力、听力、笔力"，需要进一步提升"四力"，尤其要提升"脑力"；一方面，鼓励非全日制农业硕士研究生参与导师组的"三农"课题研究，开展乡村振兴规划、三产融合、农村电子商务、数字乡村建设、高素质农民培育、农民增产增收、农产品品牌创建、土地流转等"三农"问题的调查实践，通过项目调查研究活动培养"四力"，另一方面非全日制农业硕士研究生还可以结合工作实际和工作需要独立开展专业实践训练，将所学前沿理论应用于工作实践，拓展思维，创新性、前瞻性地开展工作，提升"四力"。

7.3.2 建立农业硕士研究生论文选题评估机制

建立严格的农业硕士研究生论文选题评估机制，确保论文选题聚焦乡村振兴与粤港澳大湾区建设，坚定践行将学位论文写在乡村振兴大地上。

学位论文形式可以是调研报告、案例分析、实证分析，农业硕士培养方案明确规定研究生论文选题必须紧扣"三农"问题，每次开题后学院组织专家组对农业硕士研究生学位论文选题与专业领域符合度进行评价，重点关注是否聚焦地方乡村振兴与粤港澳大湾区建设，不符合的或符合度不高的要重新拟定选题和开题。每次开题不通过率约为4％，主要原因之一为选题与"三农"关系不紧密。非全日制农业硕士研究生学位论文选题98％基于所在农村基层"三农"工作实践。

严格农业硕士研究生培养过程监控，率先实行学位论文双匿名送审和相似性检测，学位论文答辩组对论文选题与专业领域符合度进行最终评价，严把学位论文质量关。每次答辩不通过率为3％，主要原因是学位论文质量问题或选题与"三农"无关。

2017—2020级有351名非全日制农业硕士学生参加开题，其学位论文选题主要聚焦农村电商、产业发展、基层人才培养、环境治理、农村金融、乡村治理、土地流转、农产品品牌建设、减贫治贫、农村创新创业等领域，较好地践行了将农业硕士研究生学位论文写在乡村振兴的大地上（图7-3）。

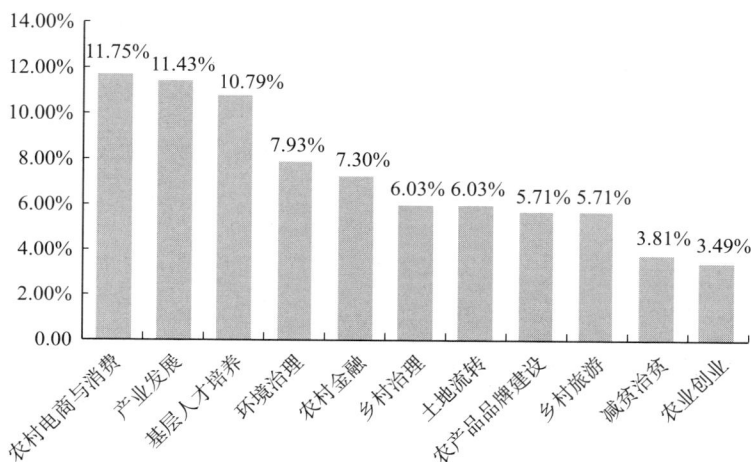

图 7 - 3　2017—2020 级非全日制农业硕士研究生学位论文选题分布

7.4　非全日制农业硕士的培养成效

服务行业需求，引导非全日制农业硕士研究生将学位论文写在乡村振兴的大地上，为地方乡村振兴和粤港澳大湾区建设培养复合型高层次农业人才，培养效果良好。

突出培养非全日制农业硕士研究生看问题的眼力、谋事情的脑力、察民情的听力、写报告的笔力即"四力"，非全日制农业硕士研究生已经成为广东省乡村振兴的生力军。非全日制学生主要来自农村基层，他们带着乡村振兴工作中遇到的问题来学习，将所学理论知识应用于工作实践，在乡村振兴和工作实践中表现优秀，获全国公安系统抗击新冠疫情先进个人 1 人，获广东省扶贫先进工作者 1 人，获广东省乡村振兴先进个人 1 人，获河源行业扶贫先进工作者 1 人、荣立三等功以上 4 人次，获单位年度考核优秀、"优秀共产党员"称号、"先进工作者"称号等 18 人次，获职务晋升 50 人次。学位论文选题聚焦"三农"问题，论文研究成果对解决广东乡村振兴和粤港澳大湾区建设中遇到的问题起到了重要作用，依托学位论文研究形成的调研报告《银行业高质量支持地方特色农业产业对策研究——以潮州单丛茶产业为例》获广东省委主要领导批示。

7.5 结论、启示与建议

服务地方乡村振兴和粤港澳大湾区建设需要,将乡村振兴职业能力培养融入课程体系,构建"分段实践+独立实践"相结合的多元专业实践模式,确保非全日制学生"四力"培养效果,建立严格的农业硕士研究生论文选题评估机制,确保论文选题聚焦乡村振兴与粤港澳大湾区建设,坚定践行将学位论文写在乡村振兴大地上,对解决广东乡村振兴和粤港澳大湾区建设中遇到的问题起到了重要作用。为进一步提高培养成效,针对非全日制农业硕士培养本研究提出如下建议。

(1)全方位培养广东乡村振兴人才。综合以上分析可知,非全日制生源主要来自粤东(河源、梅州、潮州、汕头、揭阳),少量来自粤北(清远),要实行教育下乡,将非全日制的课堂向农村基层延伸,将教学点向粤北、粤西拓展。宜在粤北依托韶关学院设立粤北教学点,为粤北地区培养乡村振兴人才。宜在茂名依托茂名石油化工学院设立粤西教学点,为湛江、茂名、阳江、江门等培养乡村振兴人才。

(2)根据生源实行差异化培养。综合前述分析可知,非全日制农业硕士来自乡镇的占23.27%,来自县区职能部门的占17.43%,来自基层企业及银行机构的占13.07%,因此宜根据生源实行差异化教学与培养。设立镇干部专班、职能部门干部专班等若干专班,实行精准培养。

(3)国家乡村振兴局提出2022年重点任务,要加强乡村振兴机构队伍建设,旗帜鲜明讲政治,找准定位履好职,持之以恒转作风,加强学习强素质,建设一支政治过硬、本领过硬、作风过硬的乡村振兴干部队伍,为乡村振兴工作全面展开提供坚实保障。因此,宜开展校地联合,设立乡村振兴人才硕士专班、博士专班,培养"三过硬"的乡村振兴干部。

第8章　新农人培训需求分析
——基于智慧农业视角

伴随着网络技术升级和物联网快速发展，大量先进技术得以在农业生产中应用，农业产业进入了一个全新的精准农业阶段——智慧农业（王丽，2018）。智慧农业是现代农业发展的高级形态，它充分运用云计算、大数据、人工智能以及物联网等先进技术，对现代农业的生产、经营与管理进行优化与整合，实现了农业生产的生态化、智能化和高效化。2020 年中央 1 号文件再次强调了智慧农业是农业发展的根本出路，指出"要依托现有资源建设农业农村大数据中心，加快物联网、大数据、区块链、人工智能、第五代移动通信网络、智慧气象等现代信息技术在农业领域的应用，开展国家数字乡村试点"。智慧农业与传统农业一个较大差别在于智慧农业将以往需要耗费大量人力的工作转由计算机和机器完成，生产人员线上操作即可，互联网成为农业生产的另一重要载体。然而，与智慧农业带来的农业生产技术与场景快速迭代相矛盾的是，我国广大农民整体上受教育水平不高，科技素养偏低，能很好理解和吸收新型农业经营理念和生产技术的农民不多。此外，智慧农业发展所需掌握的创新物联网、大数据等现代信息技术能在农业领域应用的高素质农民更是尤为罕见。乡村人才的匮乏严重制约了智慧农业的发展，提高农民综合素质，培育经营智慧农业的高层次复合型人才势在必行。

"新农人"是在互联网背景下出现、拥有较高的文化素养、具备时代发展需要的意识与能力的新兴群体（曾亿武和郭东红，2016），其出现为解决"智慧农业"人才匮乏问题提供了一个有利契机。拥有互联网基因和创新创业精神，是新农人群体的鲜明特征（汪向东，2014；谢艳华，2019）。新农人的思维新、理念新，擅长运用新技术、新手段来提升生产效益（农业部农村经济体制与经营管理司，2016），是先进农业技术的应用者和开拓者（郑可等，2019）。显然，更高级形态的智慧农业是新农人所向往追求的，而新农人也是发展智慧农业所需要的高素质高层次人才，已有学者亦指出新农人是智慧农业的核心推动力（张雪占，2018）。显然，新农人不仅仅是智慧农业发展规划中有待去培育的应然群体，更是一个在现实生活中能够扩大智慧农业影响力的实然群体。

8.1　调查方法与研究过程

如前文所提及，由于对新农人的认识不深，以致现实中大部分新农人和普通农人参加一样的高素质农民相关培训。鉴于此，本书以高素质农民培训班成员为对象，分两个阶段分别采用访谈和问卷调查方法进行调查。第一阶段先通过访谈当地高素质农民培训班组织者，探讨新农人特征属性；然后在组织者推荐下，选取15位新农人深入访谈，访谈内容包括其对新农人群体的认知、培训需求、自身经历以及和其他成员的区别等，由此形成对当地新农人的辨别依据，并在问卷里面增加相应的选项。第二阶段，向当地高素质农民培训班全部成员发放培训需求调查问卷，在培训班组织者帮助下，依据第一阶段结果筛选出新农人数据。

根据上述方法，课题组于2018年12月到2019年12月期间，以广东和贵州两省，曲江、河源、连州、连南、黔南州五地高素质农民培训班的学员为对象进行调研，共采集有效数据749份，筛选出259份新农人培训需求数据。

8.2　新农人样本特征分析

8.2.1　新农人个体特征分析

对259份样本的基本情况进行统计（表8-1），从数据来源看，男性192人，占样本总量的74.1%，女性67人，占样本总量的25.9%。从年龄分布来看新农人群体普遍较年轻，35岁以下92人，占比35.5%，50岁以下 232 人，占比近 90％。文化程度方面，大专以上学历 190 人，占比 73.3％，无小学及以下学历，并且有研究生学历，显示新农人文化素质明显偏高。在从业年限层面，5 年以内 157 人，占比 60.6％，与新农人群体兴起的时间较为契合；10 年以上有 52 人，占比 20％，表明也有相当部分的传统农民通过不断学习、创新，发展成为新农人。从身份类型来看，主要身份为种养大户和家庭农场主合计 111 人，占比 42.8％；农业企业负责人或者高管 89 人，占比 34.4％，也有少部分主要身份为普通农户（占比 5.8％），以及仍未全职进入农业领域的人（占比 17.0％）。

表 8-1 样本基本情况统计

变量	类别	数量	百分比	变量	类别	数量	百分比
性别	男	192	74.1％		小学及以下	0	0
	女	67	25.9％		初中	21	8.1％
年龄	25 岁以下	14	5.4％		中专	15	5.8％
	25～30 岁	34	13.1％	文化程度	高中	33	12.7％
	31～35 岁	44	17.0％		大专	130	50.2％
	36～40 岁	59	22.8％		本科	56	21.6％
	41～45 岁	52	20.1％		研究生及以上	4	1.5％
	46～50 岁	29	11.2％		1 年及以下	22	8.5％
	51～55 岁	24	9.3％		2～3 年	73	28.2％
	56 岁以上	3	1.2％		4～5 年	62	23.9％
身份类型	普通农户	15	5.8％	从业年限	6～7 年	27	10.4％
	种养大户	56	21.6％		8～10 年	23	8.9％
	家庭农场主	55	21.2％		11～15 年	19	7.3％
	农业企业负责人/高管	89	34.4％		16～20 年	6	2.3％
	其他	44	17.0％		20 年以上	27	10.4％

8.2.2 新农人收入特征分析

在调查新农人主要收入来源时，发现以农业收入为主的新农人仅有 66 人，占比 25.5％（表 8-2），表明新农人仍然以兼业为主。究其原因，一方面源于农业生产的节律性，中间有生产间隙为新农人从事其他事业提供了可能；另一方面，农业投资回报周期比较长，新农人跨界发展农业时一般还保留着原有事业，甚至还需要用原有事业收入补贴农业，这一点在调查新农人在农业领域的年收入水平时也得到证实：新农人大体上年收入不算太高，有超过一半的人年收入在 10 万元以下。访谈过程了解到，大部分新农人的农业事业还处于不断投入阶段，并且所得盈利并未能覆盖所需投资额。

表 8-2　新农人主要收入来源和年农业收入水平

主要收入来源	数量	百分比
以农业收入为主	66	25.5%
以投资、工资等非农领域收入为主	56	21.6%
农业收入和非农收入都是主要来源	101	39.0%
其他来源	36	13.9%
年农业收入水平	数量	百分比
5 万以下	55	21.2%
5 万～10 万	90	34.7%
10 万～20 万	49	18.9%
20 万～30 万	33	12.7%
30 万～40 万	7	2.7%
40 万～50 万	9	3.5%
50 万以上	16	6.2%

8.3　新农人和普通农人培训需求比较分析

8.3.1　培训内容需求比较

如图 8-1 所示，新农人主要期望的培训内容（需求率在 50% 及以上）依次为农产品电商与营销、农产品品牌建设与管理、农业生产或加工技术、农业企业经营管理、农产品质量安全、农业创新创业。而普通农人主要期望的培训内容（需求率在 50% 及以上）依次为农业生产或加工技术、农产品电商与营销。可见相较于普通农人，新农人具有更高视野格局，希望了解到更加全面、综合的知识信息。进一步具体分析可知：

（1）新农人对农产品电商与营销专题需求率最高，达到 76.1%，一定程度上支持了不少学者强调的新农人"互联网属性"。其次新农人农产品品牌建设与管理专题的需求率高达 69.9%，而普通农人这一需求率仅 41.6%，说明新农人具有更高的品牌意识。

（2）无论是新农人还是普通农人，对农业生产的新技术、新知识的需求十分渴求，分别达到了 69.5% 和 70.8%。随着数字技术和经济的发展，华为、阿里、京东、腾讯等 500 强企业纷纷进军农业，将许多先进的技术应用到农业生产、加工甚至管理等，向农民展示了未来的农业生态和形势，激发农民学习新知识、新技术的热情。在开设的农民培训课程中农业机械新技术的发展与应用、区块链与农业创新创业等前沿技术课程成为最受学员欢迎的课程。

（3）新农人对农业企业经营管理和创新创业也有很大的关注，对企业经营管理专题有需求的新农人有 160 人（占比 61.8%），远高于样本中身份为农业企业负责人/高管的人数（89 人），而对创新创业的需求率也达到了 53.3%，表明当代新农人普遍具有进一步创新发展的意识，并且成立组织或企业是大多数新农人的愿望。

（4）新农人对农业企业涉外经营管理专题的需求率也有 35.1%，显示部分农民的国际化意识逐步加强，特别是在中美贸易摩擦长期存在、国家实施"一带一路"倡议的复杂环境下，新农人逐步有了国际化思维与视野。

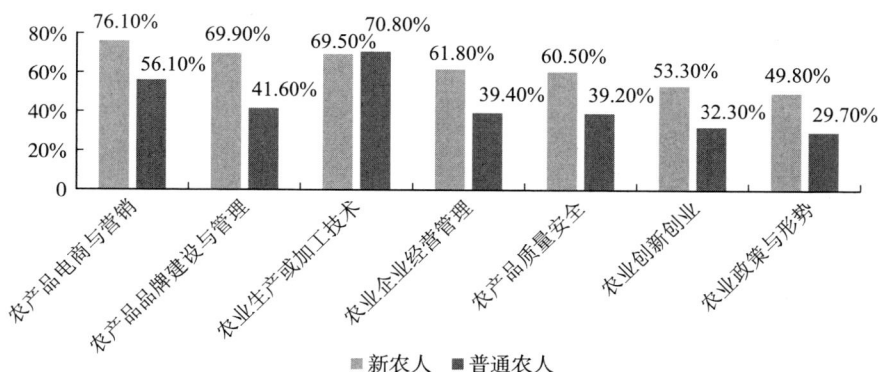

图 8-1　新农人和普通农人培训专题需求比较

8.3.2　培训机构需求

为农民提供各类培训的机构非常多，大致可以分为农业高校、职业学校、科研院所、培训基地或学院、涉农企业或公司、田间学校等（图8-2）。对于培训机构的选择，农业高校均为新农人和普通农人的第一选择。相较来说，农业高校具有更为丰富的学习资源和良好的学习环境、先进的技术与前沿的知识，即具有环境优势、资源优势、技术优势、师资优势，因此受新农人倾心。在进一步了解后选择具体高校时，在广东的几所农业高校选项中，希望到华南农业大学培训的选择率高达91%。分析其原因，农业科学是华南农业大学的优势学科，有一大批顶尖的农业科学家如水稻专家丁颖院士、卢永根院士、农业机械专家罗锡文院士等，长期躬耕田垄指导农民生产；不断研发推广农业新技术、新设备造福农业，给不少地方农民留下了深刻的影响，为华南农业大学奠定了良好的口碑。

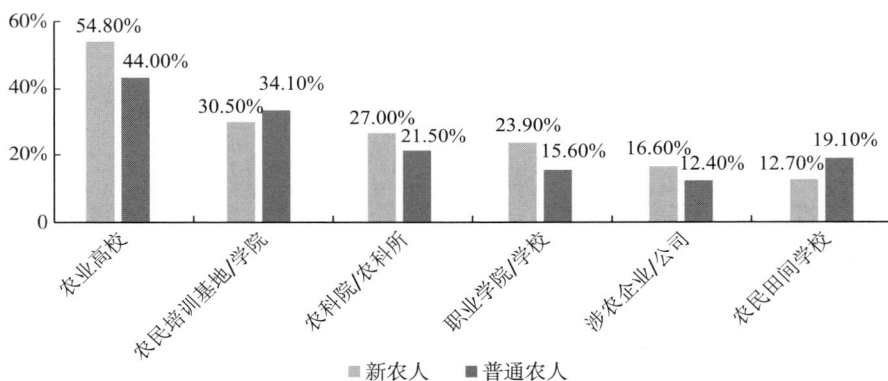

图8-2　新农人和普通农人培训机构需求比较

8.3.3　培训方式需求比较

当前提供给农民的培训方式有课堂教学、现场教学、田间指导、企业实训、远程教学与指导及其组合，但对培训方式的需求，新农人和普通农人都倾向课堂授课＋田间指导和课堂授课＋现场教学两种方式（图8-3）。在课堂学习理论知识，转而到田间接受指导，理论联系实际能够加深对所学知识的感观印象，因此这种培训方式广受新农人欢迎。课堂授课＋企业实训作为充分了解企业内部运营和管理的重要渠道，也有超过40%的新农人选择了这一项。值得一提的是，无论是新农人还是普通农人，对远程视频教学与指导方式偏好程度都较低。实际上，远程视频教学与指导将是智慧农业时代农民培训学习的重要手段，但目前农民对这种形式的认识还非常不足，可能的原因在于：一方面，当前的视频教学还是一种常规的手法，即把专家的讲课录制成视频，视频课件的内容可供选择的不多；另一方面，视频教学不能进行实时的指导，如农民在学习过程中产生的疑惑不能得到及时解答。因此，往后要进一步加强农民学习培训的软硬件建设，逐步培养农民通过视频学习的习惯，帮助农民通过线上线下结合为自身生产经营赋能。

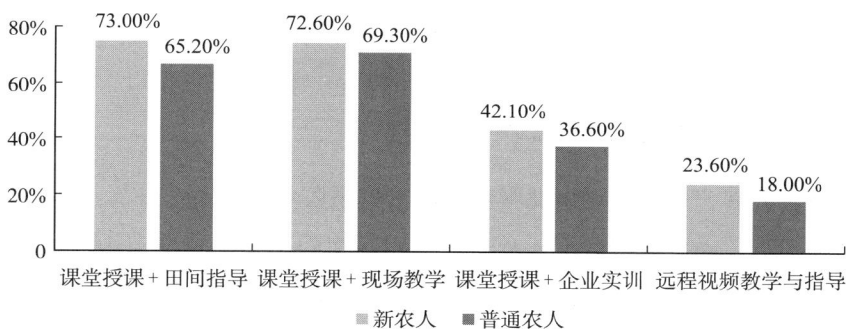

图 8-3　新农人和普通农人培训方式需求比较

8.3.4　培训师资需求比较

为农民进行培训的师资非常丰富，有农业高校专家教授、职业院校老师、农业管理部门领导、企业家、同行业优秀者、培训基地（机构）老师等，但对师资的需求集中度较高。新农人和普通农人均十分偏爱农业高校专家教授，需求率分别为 87.3％和 86.3％。并且排在第二的需求均为农业管理部门领导（图 8-4）。一方面农业高校专家掌握扎实的理论基础、最前沿的知识与技术，希望他们能在提供理论指导的同时，加强田间实践指导；另一方面，调查过程中我们了解到，不少新农人表示希望农业部门领导能够开展农业产业政策专题培训，以期自身规划与区域产业发展协调一致。此外，企业（公司）老板和同行业优秀者也是新农人较为看重的培训师资，可见新农人较为注重同行业从业者间的交流互动，倾向谋求共同发展。

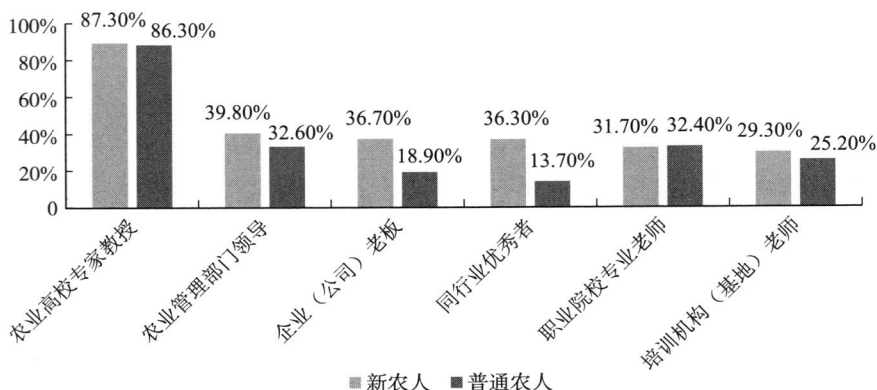

图 8-4 新农人和普通农人培训师资需求比较

8.3.5 培训服务需求比较

新农人和普通农人对培训服务的需求，主要集中在四个方面：第一，希望增加学员互动、学习讨论环节，以增强互相的了解和对学习内容的掌握；第二，希望培训结束后能提供跟踪回访、服务，与学校、老师保持长期的联系；第三，希望当地农业管理部门聘请专家和技术员当导师，实行导师指导制；第四，希望学校建立学员沟通服务平台，方便学员、老师进一步交流学习。新农人对这四个方面的需求率均超过了 70%，普通农人对这四个方面的需求也超过了 55%（图 8-5），显示这是农民共同的需求。为满足这些需求，可以打造一个能够链接农民、农业院校和政府三方，集交易信息发布、

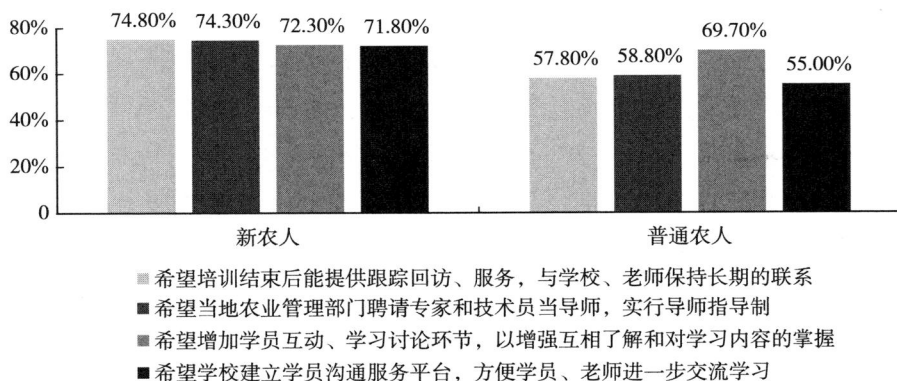

■希望培训结束后能提供跟踪回访、服务，与学校、老师保持长期的联系
■希望当地农业管理部门聘请专家和技术员当导师，实行导师指导制
■希望增加学员互动、学习讨论环节，以增强互相了解和对学习内容的掌握
■希望学校建立学员沟通服务平台，方便学员、老师进一步交流学习

图 8-5 新农人和普通农人培训服务需求比较

政策宣传、技术交流等功能于一体的智慧学习平台。

8.4 新农人对培训内容需求的差异性分析

为进一步了解新农人群体对培训内容的需求特征，以期更好地为智慧农业培训提供支持，依据新农人不同特征分组进行了交叉分析，具体结果如下。

8.4.1 不同年龄对培训内容需求的差异性分析

如表 8-3 所示，不同年龄阶段新农人对农业生产或加工技术、农业企业经营管理的需求和农业创新创业存在显著性差异。

表 8-3 不同年龄与培训内容需求交叉分析结果

	30 岁以下 ($n=47$)	31～35 岁 ($n=44$)	36～40 岁 ($n=59$)	41～45 岁 ($n=52$)	45 岁以上 ($n=56$)
农业生产或加工技术 *	35 (74.5%)	28 (63.5%)	37 (62.7%)	44 (84.6%)	36 (64.3%)
农产品电商与营销	37 (78.7%)	39 (88.6%)	42 (71.2%)	40 (76.9%)	39 (69.6%)
农产品品牌建设与管理	36 (76.6%)	32 (72.7%)	40 (67.8%)	39 (75.0%)	44 (78.6%)
农业企业经营管理 ***	37 (78.7%)	26 (59.1%)	43 (72.9%)	30 (57.7%)	24 (42.9%)
农业企业涉外经营管理	23 (48.9%)	16 (36.4%)	17 (28.8%)	20 (38.5%)	15 (26.8%)
农产品质量安全	32 (68.1%)	22 (51.2%)	35 (59.3%)	34 (65.4%)	33 (58.9%)
农业政策与形势	22 (46.8%)	22 (50.0%)	30 (50.8%)	29 (55.8%)	26 (46.4%)
农业创新创业 **	32 (68.1%)	23 (52.3%)	34 (57.6%)	28 (53.8%)	21 (37.5%)

注：*、**、*** 分别表示在 10%、5%、1%的统计水平上显著。

（1）新农人当中，41～45 岁年龄阶段对农业生产或加工技术需求最高，需求率高达 84.6%，其次为 30 岁以下的新农人，为 74.5%。

（2）对农业企业经营管理的需求，30 岁以下年龄阶段的需求率最高，为 78.7%，而 45 岁以上年龄阶段的需求率仅为 42.9%。

（3）农业创新创业专题最受 30 岁以下年轻新农人的喜好，需求率达到 68.1%，30～45 岁的新农人偏好程度较为接近，需求率在 52%～58%之间。而 45 岁以上需求率最低，仅 37.5%。对创新创业专业的偏好程度与新农人年龄呈现反向关系。

8.4.2　不同文化程度农民对培训内容需求的差异性分析

由表8-4可知，不同文化程度的新农人对培训内容需求差异不大。仅有农业企业涉外经营管理一项在10％统计水平上显著，对农业涉外经营管理需求呈U形特点，本科及以上和高中及以下文化程度的新农人的需求要高于大专的需求。

表8-4　不同文化程度与培训内容需求交叉分析结果

	高中及以下（$n=69$）	大专（$n=130$）	本科及以上（$n=60$）
农业生产或加工技术	51（73.9％）	90（69.2％）	39（65％）
农产品电商与营销	49（71.0％）	104（80.0％）	44（73.3％）
农产品品牌建设与管理	50（72.5％）	89（68.5％）	42（70％）
农业企业经营管理	41（59.4％）	80（61.5％）	39（65％）
农业企业涉外经营管理*	26（37.7％）	40（30.8％）	25（41.7％）
农产品质量安全	29（42.0％）	78（60.0％）	39（65％）
农业政策与形势	27（39.1％）	71（54.6％）	31（51.7％）
农业创新创业	33（47.8％）	66（50.8％）	39（65％）

注：*、**、***分别表示在10％、5％、1％的统计水平上显著。

8.4.3　不同从业年限培训需求差异

表8-5表明，不同从业年限新农人对农产品电商与营销和农业创新创业这两项培训专题需求存在显著差异。

表8-5　不同从业年限与培训内容需求交叉分析结果

	1年及以下（$n=22$）	2～3年（$n=73$）	4～5年（$n=62$）	6～10年（$n=50$）	10年以上（$n=52$）
农业生产或加工技术	16（72.7％）	51（69.9％）	42（67.7％）	35（70％）	36（69.2％）
农产品电商与营销***	20（90.9％）	53（72.6％）	52（83.9％）	41（82％）	31（59.6％）
农产品品牌建设与管理	17（77.3％）	50（68.5％）	41（66.1％）	35（70％）	38（73.1％）
农业企业经营管理	12（54.5％）	47（64.4％）	42（67.7％）	33（66％）	26（50％）
农业企业涉外经营管理	7（31.8％）	27（37.0％）	23（37.1％）	21（42％）	13（25％）
农产品质量安全	18（81.8％）	38（52.1％）	35（57.4％）	30（60％）	35（67.3％）
农业政策与形势	10（45.5％）	38（52.1％）	35（56.5％）	27（54％）	19（36.5％）
农业创新创业***	11（50.0％）	40（54.8％）	43（69.4％）	26（52％）	18（34.6％）

注：*、**、***分别表示在10％、5％、1％的统计水平上显著。

由表 8-5 可知，新晋新农人（1 年及以下），对农产品电商与营销培训专题的需求率高达 90.9％。相较之下，从业时间 10 年以上的新农人对这一项专题的需求率较低，但也达到了 59.6％。不同从业年限的新农人，对农业创新创业方面的培训需求呈现倒 U 形关系，其中从业年限 4～5 年的需求最高。

8.5　结论与建议

智慧农业概念的提出与我国现代农业发展的迫切内在需求相吻合，是历史机遇的巧合，农业生产智能化、农业经营网络、农业管理数字化、农业服务精准化也是农业必然的智慧化发展趋势（李道亮，2015），培养一批具有较高素质和创新能力的新农人队伍是驱动我国智慧农业发展的关键所在。通过调查发现，相较于普通农人，新农人具有更高视野格局，渴望学习到日常所需生产经营知识技能的同时，也对农业创业创新、政策形势等表现出较高需求。此外，新农人倾向前往农业高校接受农业专家教授的培训，培训方式为课堂授课＋现场教学或者田间指导；期望在培训过程中能够建立沟通渠道，增加师生间、学员间的互动交流，并实行导师制，提供持续指导和服务等。新农人群体内部对培训内容的需求也有显著的差异性，针对以上情况，本研究对开展新农人智慧农业培训提出以下建议。

8.5.1　科学设置智慧农业培训课程，引导新农人持续创新实践

智慧农业作为一个知识和技术密集型领域，不仅涉及传统意义上的耕作技术（播种、灌溉、施肥、病虫害防治），还涵盖了农业物联网及大数据分析技术、电子商务技术、无线传感网络技术等，智慧农业人才的培养无疑是一项长期复杂的工作。在具体的培训课程上，必须结合智慧农业的特点和问题，以及新农人需求，科学设置智慧农业培训课程。调查发现，不少新农人从事的产业属于初始发展阶段，相应的培训需求仍然以农业生产技术、品牌建设、电商营销等实用生产技术为主。因此，培训应以这些实用生产技术为基础，逐步向智慧农业所要求的专业化、层次化方面发展。同时，可以增设计算机、互联网相关知识等课程培训，引导新农人借助互联网等渠道学习智

慧农业科学技术、生产模式、经营管理理念等，提高新农人自学能力。此外，可以将与智慧农业生产相关技术的研发以技能培训的形式推广，让新农人触达最为前沿的技术领域。通过产教结合方式，以理论创新引导生产技术应用探索，推动面向新农人群体的智慧农业技术融合和创新层面的持续探索实践。

8.5.2 创新智慧农业新农人培训方式，提升培训效果

由于新农人生活经验丰富、个性鲜明，培训时应该充分了解他们的需要与偏好，同时结合农业生产的特点，调整培训手段，创新培训方式与形式。目前，采用最多的培训方式是课堂讲授法，这种方法容易操作、受训数量多。但是这种培训方式，存在单向性的缺点，受训者无法与培训教师及时进行交流。调查发现新农人倾向课堂授课＋田间指导或者现场教学的培训方式。因此，要在集中培训的基础上，增加实训实习、参观考察和生产实践等环节，让新农人把学到的理论知识运用到实际，通过各种实训了解企业创建与运营经验。同时可以组建优秀农民企业家和政府人员队伍，为新农人提供政策解读、创业项目推荐、创业问题咨询等全过程跟踪指导与服务。此外，新冠疫情暴发后，远程视频教学与指导这一培训方式的优势进一步凸显。当前新农人普遍科学文化素质较高，一般能熟练使用常见的信息技术设备和软件。因此，要加快推进智慧农业学习平台建设，联动把相关培训资源、多媒体教学包等放在相关网站上或制作专门的手机 App 学习软件，把培训与互联网有效结合，让更多的新农人随时随地学习自己感兴趣的知识。

8.5.3 加强智慧农业人才高校培养规划，为智慧农业的发展 输送高层次人才

农业高校是综合涉农多学科知识、集智慧农业研发与实践于一体的培训实施主体，能够为新农人发展智慧农业提供良好的知识与技术支持，调查亦表明新农人最为倾向前往农业高校学习。因此，必须要加强智慧农业人才高校培养规划，将短期培训和中长期职业教育相结合，持续为发展智慧农业输送高层次人才。首先，政府要发挥主导作用，政策保障和资金保障并举。加强引导农业高校、科研部门、农业企业之间的协作联系，建立智慧农业试点

工程和新农人创业孵化基地，形成产教结合的人才培养模式，打造资源共享、优势互补的智慧农业人才培养体系。其次，农业高校要开展智慧农业学科建设，构建新农人短期培训、短期专题进修、学历提升的立体培育机制。一方面可以设置推广性和普及性的理论知识讲授，以及基本的现代农业生产技术的短期培训课程；另一方面可以开设 1～3 个月短期专题进修，为新农人提供系统学习智慧农业知识体系的途径，并以新农人培训需求为导向，设置以智慧农业生产技术、品牌建设管理与电商营销专题为主，政策形势、创新创业和经营管理专题为辅的系列课程。

第9章 农业高校大学生涉农就业意愿及影响因素分析

建设现代农业农村迫切需要大量高素质的农业经营管理、科学技术、创新创业类人才前往农村基层带动发展。2020 年中央 1 号文件强调，"要培养更多知农爱农、扎根乡村的人才，积极推动人才到农村基层服务"。当前是我国农业转型升级的关键时期，人才匮乏、劳动力素质水平低下等制约农业农村发展的问题越发凸显（侯铁铭，2016）。习近平总书记在 2019 年对全国涉农高校广大师生的寄语中指出，"中国现代化离不开农业农村现代化，农业农村现代化关键在科技、在人才。"鼓励涉农高校要培养更多知农爱农新型人才。农业高校大学生，尤其是农科专业大学生，是我国农业农村现代化建设的重要人力资本，是高素质的农业经营管理、农业技术和创新人才，是"新农人"的重要来源。然而，囿于城乡差距的客观存在，即便在城市就业困难重重，不少农业高校大学生依然将城市作为第一就业选择（田曦、包佳怡和孙翠翠，2018）。为引导大学生前往农村基层就业，国家跟地方相继出台了系列大学生农村就业激励政策和保障措施，高校也大力开展引导学生下乡服务乡村振兴的宣传和动员工作（代兴梅、张艳和刘彦博，2019），当前大学生农村基层就业状况趋于向好但仍远未能满足需求（门振生、宋菲和李俊龙，2015）。因此，进一步探讨如何吸引农业高校大学生参与农村基层建设，壮大"知农爱农建农"的"新农人"队伍，促进乡村振兴战略实施，具有重要的意义。

9.1　相关概念界定

9.1.1　农村就业环境感知

9.1.1.1　农村就业环境感知内涵

"就业环境感知"概念可以拆分为"就业环境"和"感知"两个主体。就业环境一般指在时间和空间上，所有可以在劳动者就业行为上发挥作用的外部因素总和（于珊，2017），将劳动者限定为大学生群体便是大学生就业环境的概念。大学生就业环境有广义和狭义之分，广义的就业环境是指在时间和空间上，以直接或间接的方式对大学生就业起激励、约束、导向作用的主客观环境和社会发展因素的总和（刘相明、张恩生和李辉，2006）；狭义的就业环境则指大学生择业时起直接引导、激励作用的主客观因素，以及就业后面临的相关待遇、权利和保障等制度安排。本研究旨在探讨微观视角下农业高校大学生的农村基层就业意愿，因此选用狭义就业环境的定义。"感知"是指主体对主客观对象的了解认可程度（蒋承、李笑秋，2015），结合上述对农村基层就业的定义，本研究将"农村就业环境感知"定义为大学生对参加基层就业计划，或者前往县级以下单位组织发展所面临的系列直接引导、激励因素，以及对待遇、权利和保障等制度安排的认可程度。

9.1.1.2　农村基层就业环境感知维度

就业环境是影响就业的多个要素集合（Briscoe 等，2012）。影响大学生到农村基层就业的环境因素主要来自四个方面：一是政策方面因素，最为直接的就是政府所颁布的系列引导大学生基层就业的激励和保障政策；国家对农业农村的重视程度、对涉农人员的帮扶力度等也能够不同程度地影响农业高校大学生的农村就业意愿，而这些因素也是通过政策体现出来，因此可将这类因素归类为农村就业政策环境。二是高校教育层面因素，高校是大学生成长的摇篮，对大学生就业行为的影响具有不可替代的作用（赫贵怀，2019）。具体到农业高校而言，学校的品牌、专业教育、农业实践以及"崇学事农"氛围能够促进大学生知农爱农，而学校的就业指导是宣传和引导大学生农村基层就业最为有效的途径。因此，可将这一类因素归为农村就业教育环境。三是就业资源层面因素，无论是在城市就业还是农村基层就业，就业资源深刻影响着大学生的发展路径与成效，大学生的就业资源包括社会、信息和经济三个方面（王管、章雪，2017）。对于农业高校大学生来说，前往农村基层就业是否有"能人带领"，在发展过程中能否得到持续的信息、资金等支持，是影响其农村就业意愿的关键性因素。因而可将这一类归为农村就业资源环境。四是就业地域层面，前往农村基层就业能否安身立业是大学生就业决策中最关心的问题，生活环境与社会文化氛围是大学生安身的基础，而岗位待遇、发展空间是大学生立业的根本保障，为此，可将这类因素归类为农村经济文化环境。

综合上述分析，农村就业环境感知可划分为就业政策环境感知、就业教育环境感知、就业资源环境感知和社会文化环境感知四个方面。具体内容定义如下：农村就业政策环境感知指的是大学生对当前国家和地方出台的"三农"发展、大学生农村就业等政策的认可程度；农村就业教育环境感知为大学生对学校教育培养、就业指导服务、学校品牌等的满意程度；农村就业资源环境感知指大学生对自身前往农村基层就业可获得人脉、信息和资金等支持的认知状况；农村经济文化环境感知指的是大学生对农村基层发展前景、生活环境条件和社会文化氛围等的认可程度。

9.1.2 社会支持

社会支持是国内外学术界研究个体主观价值及行为感观的热点变量。社会支持理论最早应用于群体流行病学和社会心理学的研究中，直到 20 世纪 70 年代后才被引入社会学相关研究中（闫静，2018）。经过多年的发展，国内外学术界对社会支持的基本概念已经达成相对一致的看法和观点：社会支持是客观真实存在或被主体能够感知到的，由社交网络、社会部门群体或其他重要人等提供的功能性或表达性（情感性）的支持，对促进个体心理健康有重要作用（Cohen、Wills，1985）。社会支持理论重视人与周围环境资源的交互关系，强调个体在这一过程中的感受。美国社会学家 Caplan 指出社会支持的主要作用是汲取个体之外有效资源（包括物资和精神资源）来促进个体发展（Caplan，1974）。社会支持涉及人们学习、生活、健康等各个方面，是影响人们社会行为生活的重要因素。为个体提供充分的社会支持将有利于增强个体自信心，产生归属感等（杨怀祥，2012）。由于研究的目的不同，学者们对社会支持的维度划分也不同。Blumenthal 等人（1987）基于支持主体视角，将社会支持分为家庭支持、朋友支持和其他支持。Eastin（2005）、Oh 等人（2013）则聚焦主观层面因素，将社会支持划分为评价支持、尊重支持和情感支持。我国学者肖水源（1994）从多维度视角将社会支持解构为主观支持、客观支持以及对社会支持的利用度三个维度，主观支持指个体对他人的关心、尊重理解的感受程度与情感知觉；客观支持表示个体能够得到的真实可见的物质支援，包括社会关系以及团队群体的存在和参与等；对社会支持的利用度，即个体对相关支持的利用程度，代表社会支持对个体心理影响的结果。肖水源对社会支持的定义和维度划分较为符合中国情境，被国内学者广泛采用，可靠性得到充分验证。本研究亦将借鉴其成果进行变量测量检验。

9.1.3　就业能力

9.1.3.1　就业能力内涵

就业能力是一个复杂的、动态的、发展的概念，迄今没有统一、清晰的定义（马晓琳，2018）。梳理国内外学术界对就业能力的研究成果，学者们主要从以下五个不同视角出发对就业能力概念进行界定：一是能力特质视角，认为就业能力是指具有个人鲜明属性，能够帮助个体在就业时脱颖而出、在就业后保持职业竞争力的能力，或是个人对就业的理解力、成果择业的过往经历和成就等。二是可雇佣性视角，将就业能力定义为雇主找寻与岗位需求相匹配的技能、行为跟态度等。三是竞争性视角，指在人才需求市场上，能够使毕业生战胜竞争对手，成功找到与自己才能相匹配、能够充分发挥个人价值的就业岗位的能力。四是通用视角（可迁移视角），即就业能力并非仅是特定劳动力市场或者特定岗位所需要的能力，而是在横向上与所有产业相关、纵向上与所有职业相关的能力，它是不同岗位、不同文化水平的人取得事业成功不可或缺的能力。五是多维度视角，即综合能力特质、可迁移、劳动力市场关系等视角。多维度就业能力可分为广义和狭义两种概念，狭义上包括个体人格品质、可迁移能力、外在形象、资格凭证、学历背景、工作经历以及对应人才需求市场等；广义上既包括个体因素（个人本质属性、掌握的就业技巧、健康状况、可迁移能力、适应质量和就业灵活性等）

和岗位对应的个人情况（过往相关经历、工作态度和知识背景等），还包括宏观经济因素、就业政策和劳动力市场等外部因素。本研究旨在探讨微观大学生个体对自身前往农村就业的主观把握，并未涉及具体行业和岗位，因此通用性视角较为适合本研究对就业能力的定义。

尽管当前国内外学术界对就业能力的定义众说纷纭，莫衷一是。但总结相关研究成果不难发现，就业能力有三个要素被国内外大部分学者认可：一是就业能力的内涵是特定时期特定就业环境下的产物，是动态发展的；二是就业能力是个体能够感知到，能帮助其获得与自身资质条件相匹配工作的综合能力；三是就业能力需要后天学习，是对个体工作适应质量和发展前景具有显著正向预测的能力。基于国内外学者的共识和本研究的背景和意义，本研究将就业能力界定为农业高校大学生能够感知到其在农村基层获得理想就业岗位的综合能力，并能帮助其在今后职业生涯中实现职业可持续健康发展的能力。

9.1.3.2 就业能力维度划分

由于不同研究者对就业能力内涵概念理解视角以及研究的着眼点不同，学者们构建研究模型的侧重点也不一样，提出就业能力的维度要素呈现多样化，并且在具体研究中对模型维度或因子的命名和解释不尽相同。仅通用视角下的就业能力，已有研究提出的结构模型有二维、三维、四维、五维等。通用性视角下的就业能力对于任何一种职业、任何一种教育程度的人取得职业成功都非常重要，依据这一定义显然可以参照郑晓明（2002）的做法将就业能力解构为情商和智商。但智商和情商过于泛化，具体测量难度也较大，并且智商不符合就业能力被广泛认可的非与生俱来属性。大学生就业能力具有很强的情景性（程玮，2016），因此必须要着眼于农村基层就业特性，相机寻找具有代表性或者概括性的能力类别。

农村基层就业具有鲜明的特性。一方面，受中国传统文化观念的影响，我国农村基层极为重视人际关系，熟人社会特征明显（王亚华、舒全峰，2018）。因此，大学生前往农村基层无论从事何种职业，人际关系能力是其可持续发展的必备条件。另一方面，农村基层工作环境条件相对较差，一般人员配置和岗位分工不够完善，从业人员往往需要身兼多职（王松磊，2016；何锡辉，2018），对个体的全面性要求较高，学习意识和能力是大学生到农村就业的另一关键条件。据此，Jackson（2013）提出的认知能力和人际关系能力二维就业能力模型符合农村基层就业特征需求。梳理国内外学者在通用视角下提出的就业能力模型（表 9 - 1），人际关系能力是高频词汇。认知能力本质上是一种高效的自主学习能力，能够对后天习得的就业能力（如适应能力、管理能力、应用能力等）具有预测性，因此，基于农村基层就业特性，本研究参照 Jackson（2013）的研究成果，用认知能力和人际关系能力来解释农业高校大学生的农村基层就业能力。

表 9 - 1　　通用性视角下就业能力维度划分

维度	提出者（时间）	内容
二维	郑晓明（2002）	智商、情商
	Jackson（2013）	认知能力、人际关系能力
三维	Law 等（1998）	适应性、交互项、身份性
	李颖等（2005）	内在素质、处理工作能力、社交领导能力
	马绍壮等（2012）	社会交往能力、个人展示能力、就业求职能力
四维	Mitchell（1998）	智力能力、社会交往能力、经营和创业能力、多元综合技能
	罗莹（2014）	认知能力、个体可靠性、沟通合作能力、自我意识
	金昕（2012）	基本就业能力、就业发展能力、就业人格、社会应对能力
	张丽华、刘晟楠（2005）	社会适应能力、自主能力、社会实践能力、思维能力、应用能力
五维	麦克思研究院（2011）	沟通理解能力、管理能力、应用分析能力、实操能力、逻辑思维能力
	何昭红、吕兆华（2012）	实践能力、适应能力、人际沟通能力、就业自信心、自我发展能力

9.2　研究设计

9.2.1　理论基础

9.2.1.1　社会学习理论

传统行为主义学习理论着眼于探究环境条件和个体行为之间的函数关系，认为行为的产生是一个"外界（环境因素）刺激—反应—强化"的过程。然而随着研究的不断深入，不少学者开始质疑这一说法，认为行为主义学习理论把人类的行为当成是社会文化和制度安排的刺激性反应，人类行为仅是"社会程序"运行后的产物，完全忽略了人的主观能动性。美国心理学家 Albert Bandura 较早关注到传统行为主义学习理论的缺陷所在：①无法解释新行为的产生，仅能解释依据"社会文化"既定下的特定环境产生特定的行为；②对个体从示范者那获得启发的全过程解释乏力；③不能解释社会学习的延时性，即为什么个体受到环境刺激时，往往在一段时间后才会出现相应的行为。为此，Bandura 开展了系列行为实验，最终提出了社会学习理论。社会学习理论强调个体认知、自我选择和自我调节机制，具体分为自我效能认知理论、观察学习理论和三元交互决定理论三个子理论。自我效能认知理论认为个体通过自我评估某项行为已具备的条件来规划行为，并以最终可能的行为结果为参照而做出抉择；观察学习理论认为个人学习的主要形式是观察学习，并且不仅可以在特定环境中正式学习，也可以在日常生活环境实现偶然学习；三元交互决定理论是社会学习理论的核心部分，认为个体认知、行为和环境三者互为决定因素。

9.2.1.2 自我决定理论

自我决定理论（SDT）是由美国心理学家 Deci 和 Ryan 在 1985 年首次提出的，该理论关注的焦点是动机在个人行为中的作用，从有机辩证视角解释了外部环境促进外部动机内化的过程。经过 30 年来 Ryan 等学者不断深入探讨和完善，自我决定理论形成了 5 个分支理论，具体为基本心理需要理论（Basic Psychological Needs Theory）、有机整合理论（Organismic Integration Theory）、认知评价理论（Cognitive Evaluation Theory）、因果定向理论（Causality Orientations Theory）和目标内容理论（Goal Content Theory）。有机整合理论聚焦个体外部动机的内化跟整合的细分过程；认知评价理论主要关注不同社会情境对个体内部动机及行为的影响；目标内容理论着眼自我决定行为倾向上的个体差异；因果定向理论将个体动机划分为自主性、控制性动机与去动机三种类型。基本心理需求理论解释了促进外部动机转化成内部动机的环境因素的特征，是自我决定理论的核心，亦是本研究引用的核心思想。外部动机指的是由外界客观物质奖励引发的行为动机（苏倩倩，2019）。基本心理需求认为，外部动机会转化成内部动机进而影响个体的行为，需要借助与之匹配的外部社会环境，这些外部环境能否满足个体自主性（autonomy）、能力感（competence）是关键，此外满足个体归属感（relatedness）也能够在一定程度上提升外部动机对个体行为的影响效能。

9.2.2　研究模型框架

依据社会学习理论，个体认知、环境因素和行为意愿三者是互为决定的关系。个体的行为意愿不是单由个人内在因素决定，也不是仅受外部环境的影响，而是个体认知和环境因素二者交互作用下的产物。在个体认知和行为意愿之间，个体的情感、理念、价值观等因素会影响人的行为，而人的知觉和想法同样也会受到人的行为的影响。在行为和环境之间，环境因素部分地决定了人们的关注点、心理预期及接受偏好；一般情况下对人的行为产生潜在性影响，但有时候会是决定性的影响。农村就业环境感知作为大学生对前往就业时所面临经济、政策、社会文化等系列因素的主观认知集合，是就业环境与个体认知的交互项，能够对大学生就业行为产生直接影响的研究模型框架见图 9-1。

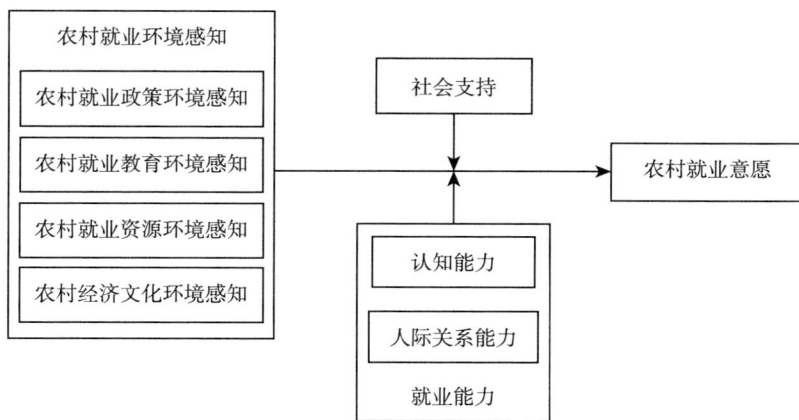

图 9-1　模型框架图

（1）农村就业环境感知与农村就业意愿。大学生农村就业环境感知具体分为农村就业政策环境感知、农村就业教育环境感知、农村就业资源环境感知和农村经济文化环境感知四个方面，其中农村就业政策环境感知指的是大学生对当前国家和地方出台的"三农"发展、农村就业等政策的认可程度。21 世纪以来，我国农业政策的内涵已转向优先发展农业，党和国家对农业农村发展的重视程度与日俱增。尤其是党的十八大之后，以习近平同志为核心的党中央不断完善中国"三农"发展思想，大力支持农村基层建设。有数据显示，2013—2019年，仅国家层面发布的支持农业农村政策数量就高达813项（肖小虹、王婷婷和王超，2019），国家对农业农村发展的政策扶持力度前所未有。人才匮乏一直以来都是掣肘农村基层发展的短板。为引导大学生前往农村基层就业，上到国家层面颁布的各项大学生农村就业意见，以及出台的"三支一扶""大学生村官计划""西部计划"等大学生农村就业政策，下到地方依据国家意见制定的系列地方性人才引进、发展和保障政策，大学生农村就业激励和保障政策体系逐步完善。大学生农村就业政策环境得到明显优化，对大学生的吸引力得到进一步增强，即农业高校大学生对农村就业政策环境的感知能影响其农村就业意愿。

教育环境对大学生就业行为的影响具有不可替代的作用（郝贵怀，2019）。农村就业教育环境感知指的是大学生对学校品牌、"崇学事农"氛围、专业教育和就业指导等方面的认知状况。当前农业高校大多注重营造学生学农、爱农氛围；培养学生崇农、重农的情感；传承强农、兴农使命（方蕾，2015）。农业高校大学生在学习涉农知识、了解农业农村的同时，还会受到校园文化的熏陶，潜移默化之中提升了自身农村就业意愿。此外，在国家不断加大引导大学生农村就业的政策导向力度背景下，农业高校也开始针对性地加强对大学生农村就业的相关教育跟就业服务，积极引导学生把就业的关注点投向农村，即农业高校大学生对农村就业教育环境的感知影响其农村就业意愿。

就业资源关乎大学生的发展前景，是大学生就业决策过程中重点衡量的因素。农村就业资源环境包括了大学生前往农村就业可获得"能人帮助"、信息、技术跟资金支持等。相较于非农业院校大学生，农业高校大学生的农村就业资源的来源除了自身社会网络成员之外，农业高校的师资力量、校友，以及丰富的涉农资料存储跟技术设备等均能够成为其农村就业资源，农业高校大学生前往农村就业具有知识技能跟资源双重比较优势，即农业高校大学生对自身农村就业资源的感知程度越深，其农村就业的意愿也就越强，即农业高校大学生对农村就业资源环境的感知影响其农村就业意愿。

农村经济文化环境感知指的是大学生对农村基层发展前景、生活环境条件和社会文化氛围等的满意程度。近年来国家高度重视农村发展，持续加大对农业农村的投资力度，从"新农村建设"到"实施乡村振兴"，农村基层建设如火如荼。当前农村基层的基础设施、公共服务得到明显改善（韩长赋，2019），农村基层群众素质、文化水平也得到大幅度的提升（朱力，2016）。此外，时下正值我国农业转型升级的关键时期，为涉农发展人员提供了大好机遇（朱进华，2015），加之国家给予农村发展长期的政策倾斜，涉农发展前景广阔，农村基层发展欣欣向荣，为进一步吸引大学生前往农村就业提供了可能，即农业高校大学生对农村经济文化环境的感知影响其农村就业意愿。

（2）农村就业环境感知、社会支持与农村就业意愿。人的行为动机有内、外之分，内部动机是个体行为的主观推动力，出于内部动机的行为能够使个体获得良好的情感体验与心理满足。外部动机则是外部客观因素对个体行为的拉动力，个体为了额外的物质奖励而做出的行为便是出于外部动机的行为。相比外部动机，内部动机更能激发个体行为，并且促进行为人的坚持和更好的绩效表现（苏倩倩，2019）。依据自我决定理论，外部动机所对应的行为若能够满足个体自主、归属和能力三种心理需求，则外部动机会转化为内在动机。其中自主需求是指个体期望自身行为能够不受他人意志控制，表达的是一种自主组织行为的需要。由于我国此前长期的城乡二元分化发展，导致不少人对大学生返乡下乡就业存在认知偏差，农业高校大学生在考虑是否前往农村就业时，难免会顾虑到潜在的舆论压力与阻挠。社会支持指个体感受到来自其社会成员对其的理解与支持程度。显然拥有较高社会支持的农业高校大学生，在选择就业时其受到来自社会关系的约束较少，其决策的过程与结果更能体现出个体自主性。此外，已有研究表明社会支持能够显著正向预测大学生在重大生涯决策时的心理资本，即具有良好社会支持的大学生，在就业决策时更加自信乐观，能够遵从内心和不怕困难（Hirschi，2009；Zhongming、Ying，2015）。无疑若农业高校大学生感知到农村基层各方面就业环境较为适宜个体发展时，良好的社会支持能提升其前往农村就业的意愿。因此，社会支持在农村就业环境感知与农村就业意愿之间具有调节作用。

（3）农村就业环境感知、就业能力与农村就业意愿。依据自我决定理论，外在动机的内化还需满足个体的能力需求。能力需求指的是个体渴望行为能够体现个人能力的需要。实质上，能力需求是个体对"行为效果"的认知，类似于自我效能感（韩丽，2018）。若个体感知到行为过程能够充分展示个体才能，并且能够达到理想的预期结果，个体的行为动机往往会更加强烈。就业能力作为一种大学生感知到自身获得理想工作并能够帮助其职业持续发展的能力（Jackson，2013），显然就业能力越强，个体更有把握能够获得合适的农村就业岗位，并且在之后得到持续发展。就业能力分为认知能力和人际关系能力。农村基层工作环境条件相对较差，一般人员配置和岗位分工不够完善，从业人员往往需要身兼多职（王松磊，2016；何锡辉，2018），对个体的全面性要求较高，学习意识和能力是大学生到农村就业的关键条件。认知能力作为大学生学习意识和成效的前因变量，对个体的实践或应用能力、适应能力具有重要的预测作用。农业高校大学生的认知能力越强，其对农业基层就业岗位的自信心和胜任感越足，农业就业意愿也会更高。有实证数据亦表明，在校大学生对于到农村基层就业的适应能力、实践能力越强，其农村基层就业的意愿就更强（王巧玉、李志红，2017）。由此可以推断，在农业高校就读的大学生若认可农村基层就业各方面环境条件，认知能力越强其前往农村基层就业的意愿更强，即认知能力在农村就业环境感知和农村就业意愿之间具有调节作用。

我国农村基层具有两个鲜明的特性。一方面，受中国传统文化观念的影响，我国农村基层极为重视人际关系，熟人社会特征明显（王亚华、舒全峰，2018）。另一方面，农村基层大部分群众科学文化水平相对较低，理解能力较差。显然擅长沟通交流和人际关系维护的大学生，在农村就业中更具优势，人际关系能力成为大学生在农村基层可持续发展的另一关键条件。若农业高校大学生被当前农村就业各方面环境所吸引，其人际关系能力越强，对农村就业的期望和自我效能感也就更足，相应的就业意愿也就更强。据此，人际关系能力在农村就业环境感知和农村就业意愿之间具有调节作用。

9.2.3 变量测量

依据研究问题梳理、阅读大学生农村就业意愿、社会支持、就业能力等

相关方面的文献，整理相关变量的重要刻画指标及测量方法，结合农业高校
大学生以及农村基层就业特点，甄选契合测度项形成原始问卷，并且罗列出
各变量候选测量题项，随机抽取华南农业大学 20 名在校生进行访谈，重点
了解其对前往农村就业的意愿及影响因素，同时从侧面获取其社会支持和就
业能力等方面信息。根据访谈结果在问卷中添加了部分测度项，同时删除掉
一些不适宜的测量项，并对各个测度项语言描述进行一定优化，由此形成初
始问卷。以 80 名农业高校在校生为对象进行预调研。运用 SPSS 25.0 软件
对预调研数据进行信度效度检验，依据检验结果和调查对象的反馈意见，对
问卷再次进行优化，最终形成正式调研问卷。

（1）农村就业意愿。在问卷中表示为："您是否愿意前往农村基层就业"，
并在问题中注明本研究对农村就业的定义。答案选项为"非常愿意""愿意"
"一般""不愿意""非常不愿意"。

（2）农村就业环境感知。分为农村就业政策环境感知、农村就业教育环
境感知、农村就业资源环境感知和农村经济文化环境感知四个方面、14 个
测量项，内容如表 9-2 所示。

表 9-2　就业环境感知测量项

变量	测量项	内容
农村就业政策 环境感知	ZC1	国家政策倾斜农业发展
	ZC2	政府对涉农发展人员提供指导和帮助
	ZC3	党政机关、企事业单位重视基层工作经历
	ZC4	了解农村基层就业相关激励保障政策
农村就业教育 环境感知	JY1	学校专业教育和就业指导鼓励到农村基层就业
	JY2	学校"崇学事农"，涉农发展氛围较好
	JY3	个人学历背景和专业知识能够成为农村就业优势
农村就业资源 环境感知	ZY1	前往农村基层发展有资源可对接
	ZY2	身边有成功的农村基层就业榜样可以学习
	ZY3	社会网络成员能够支持和鼓励农村就业行为
农村经济文化 环境感知	WH1	农村基层具有广阔的发展前景
	WH2	农村基层生活条件得到优化，基础设施逐步完善
	WH3	舆论媒体及大众关注及认可大学生农村就业行为
	WH4	农村基层社会文化和群众素质得到提升

（3）社会支持。采用肖水源（1994）编制的《社会支持评定量表》，原量表共有 10 个条目，题型包括单选、多选、组合题等，不同选择打不同的分。总得分越高，代表大学生的社会支持越高。在应用该量表时，由于被试对象为在校生，因此对量表进行了部分修订，即将"同事"改为"同学"，"配偶"改为"恋人"，并依据前期预调研的反馈意见将原量表与题项 6 有些重合的题项 7 删掉，具体量表内容详见附录。

（4）就业能力。借鉴了 Jackson（2013）、冯娜娜等人（2019）的研究成果，设置了 9 道测量项，具体测量项和内容详见表 9-3。

表 9-3 就业能力测量项

变量	测度项	内容
	$RZ1$	能有效运用知识、技能、经验去解决问题
	$RZ2$	能灵活地应用新知识、新技术或新工艺
认知能力	$RZ3$	能很好地应对突发事件，能急中生智
	$RZ4$	善于从实践中总结经验教训，触类旁通
	$RZ5$	对工作程序和关键环节的分析思考科学合理
	$RJ1$	对人友好，具有亲和力
人际关系能力	$RJ2$	能通过多种策略给他人留下好印象，并让他人接受自己
	$RJ3$	待人处事有礼貌，落落大方，不卑不亢
	$RJ4$	能够很好地理解别人的情绪和情感，与他人形成良好的情感沟通

（5）控制变量。本研究将外部人口特征变量、个体人力资本和家庭资本作为控制变量。人口特征变量包括性别、年纪和专业，人力资本主要考察政治面貌和绩点排名；家庭资本则具体化操作为家庭所在地、家庭人际网络和家庭收入水平对其就业意愿的影响。

9.3 数据收集

以广东三所农业高校大学生为调查对象，分别为华南农业大学（以下简称华农）、仲恺农业工程学院（以下简称仲恺）、广东海洋大学（以下简称广海），并通过线上问卷的形式随机抽样发放收集数据。此次问卷调查共计回收 613 份问卷，剔除掉选项答案一致或填写时间过短的问卷，最终获得 509

份有效数据，样本的有效回收率为 83.0％。由于样本数据来自不同高校（华农占比 75.0％，仲恺占比 14.1％，广海占比 10.8％），样本的一致性有待探究。为此，对三组样本分别进行两两独立样本 T 检验，检验的变量为性别、年级、专业、政治面貌、绩点排名、家庭所在区域。家庭人际网络和家庭收入水平，结果显示除了来自华农和仲恺样本组中的性别、华农和广海样本组中的年级、仲恺和广海样本组中的专业和年级的 p 值小于 0.05，存在显著性差异之外，其余变量的 p 值均大于 0.05。因此，总体上看三组样本数据并无明显差异性，可以合并使用。

9.3.1　样本概况

如表 9-4 所示，被调查者中，男女生分别占比 36.7％和 63.3％；年级为大二的占比 26.3％，大三占比 37.3％，大四占比 36.3％；在专业类别上，农科类和非农科类分别占比 63.1％和 36.9％；具有党员身份的占比 7.1％；家庭所在地为农村的学生占比 25.7％，在县及县以下乡地区的占比 24.2％，在三四线城区的占比 23.9％，在一二线城区的占比 26.1％。有超过四分之一的被调查者明确表示愿意前往农村基层就业（26.7％），有 1/5 的被调查者则明确表示不愿意（21.4％），而有一半左右被调查者表示视情况而定（51.9％），处于观望当中。总体上看，大部分农业高校大学生并不排斥前往农村基层就业。

表 9-4　调查样本情况

变量	类别	频数（人）	百分比（％）
性别	1. 男	187	36.7
	2. 女	322	63.3
学校	1. 华南农业大学	382	75.0
	2. 仲恺农业工程学院	72	14.1
	3. 广东海洋大学	55	10.8
年级	1. 大二	134	26.3
	2. 大三	190	37.3
	3. 大四	185	36.3
专业类别	1. 农科类	321	63.1
	2. 非农科类	188	36.9

（续）

变量	类别	频数（人）	百分比（%）
政治面貌	1. 党员	36	7.1
	2. 非党员	473	92.9
家庭所在地	1. 农村地区	131	25.7
	2. 县及以下乡镇地区	123	24.2
	3. 三四线城市	122	23.9
	4. 一二线城市	133	26.1
农村基层就业意愿	1. 非常不愿意	17	3.3
	2. 不愿意	92	18.1
	3. 一般	264	51.9
	4. 愿意	119	23.4
	5. 非常愿意	17	3.3

9.3.2 信度效度检验

经信度分析，总量表的 α 值为 0.938，各变量 α 值均介于 0.694～0.893 之间，说明量表具有较高的信度。各变量的复合信度 CR 值都处于 0.705～0.909 之间，远大于临界值 0.50，说明量表具有良好的内部一致性，量表的可靠性得到进一步证实。

效度检验主要包括收敛效度和区分效度检验，当因子负载值和 AVE 值均大于 0.5 时，表明有良好的收敛效度（Peng、Lai，2012）。分析结果显示，所有变量测度项的标准因子负载值都介于 0.580～0.826，AVE 值除了教育环境和经济文化环境略低于 0.5，其他变量的 AVE 值均大于 0.5。虽然很多学者都将 0.5 作为变量平均抽取方差的临界值，认为所有变量的 AVE 值大于或等于 0.5 则表示量表通过收敛效度检验，但实际上个别变量值大于 0.4 时，量表也能达到可以接受的效度水准（Magner、Welker 和 Campbell，1996；王甫园、许春晓和王开泳，2019），因此可以通过收敛效度检验。区分效度可通过比较各个变量的 AVE 值平方根与变量间相关系数大小得出，就业环境的四个维度跟就业能力的两个维度的 AVE 值平方根均大于变量间相关系数，表明量表具有较好的区分效度（Fornell、Larcker，1981）。

9.4　实证结果

采用 SPSS 25 软件进行实证检验。为规避多重共线性的干扰，对自变量、调节变量以及两者交互项进行中心化处理，再采用分层多元回归分析方法，将控制变量、处理后的自变量、调节变量及交互项逐次放入回归模型。

9.4.1　社会支持、就业能力对农业高校大学生农村就业意愿影响

如表 9-5 所示，社会支持的回归系数为 0.011，且通过 10% 水平的显著性检验，说明良好的社会支持感有助于提升大学生前往农村就业的意愿。社会支持是真实存在或个体能感知到的，由群体、社交网络或重要他人等提供的工具性或表达性（情感性）支持，是一种积极变量（Cohen，S.，Wills，T.A.，1985），已有研究表明社会支持能够对个体就业心理资本、感恩、主观幸福感和亲社会行为具有显著的预测性（Zhongming W、Ying F，2015；宋佳萌、范会勇，2013；何安明、惠秋平等，2015）。在城乡差距客观事实下，社会支持感高的大学生不仅前往农村就业受到阻碍较少，自身也会希望通过努力实现个人的社会价值，并在这一过程中会表现得更加坚定和自信。而农村基层服务恰好能够满足其这一需求，因此社会支持能够提升农业高校大学生的农村就业意愿。

就业能力不同维度对大学生就业意愿作用不一。认知能力的回归系数为 -0.193，并通过 5% 的显著性检验，表明认知能力越强的农业高校大学生前往农村就业的意愿更低；人际关系能力的回归系数为 0.227，且通过 1% 显著性检验，说明农业高校大学生人际关系能力能够显著提升其前往农村就业的意愿。可能的原因在于，受社会上存在的"农村基层办事靠关系"的社会观念影响（马宝成，2018），大学生能够意识到相比城市，人际关系能力在农村能够发挥更大的效能，因此人际关系能力不错的大学生前往农村基层就业的意愿会更强；而认知能力强的大学生，其学习能力、实践执行能力、适应能力等都会有较出色的表现，往往会有更高的个人追求，但囿于城乡二元差距的客观存在，农村基层难以满足其对自身未来的预期，因此其前往农

村就业的意愿较低。

表 9 - 5 控制变量和调节变量回归结果

变量		农村就业意愿
		模型 1
控制变量	年级	0.096**
	专业	−0.011*
	性别	−0.129
	政治面貌	0.024
	绩点排名	−0.011
	家庭所在区域	−0.060*
	家庭人际网络	0.103**
	家庭收入水平	−0.117**
调节变量	社会支持	0.011*
	认知能力	−0.193**
	人际关系能力	0.227***
模拟指标	调整后 R^2	0.056
	F 值	3.669***
	VIF	≤2.339

注：* 为 $p<0.1$，** 为 $p<0.05$，*** 为 $p<0.01$。

9.4.2 农村就业政策环境感知、社会支持、就业能力和农村就业意愿

农业高校大学生对农村就业政策环境的感知对其就业意愿的影响，以及社会支持和就业能力在其中的调节作用，见表 9 - 6。

（1）模型 2 和模型 3 考察的是农村就业政策环境、社会支持以及两者的交互项对大学生的农村就业意愿的影响。结果表明，农村就业政策环境感知对其农村就业意愿的影响系数为 0.13，并通过了 5% 的显著性检验，意味着国家对农业的重视、各项对农村基层从业人员的激励和保障政策能够提升农业高校大学生农村就业意愿。农村就业政策环境感知和社会支持的交互项的回归系数为 0.013，且通过 10% 的显著性检验，显示社会支持不仅对农业高校大学生农村就业意愿具有直接的正向作用，并且能够显著正向调节农村就

业政策环境感知与大学生就业意愿之间的关系，社会支持在引导农业高校大学生农村就业中所起的重要作用可见一斑。

（2）模型2和模型4检验的是认知能力在农村就业政策环境感知和就业意愿之间的调节作用，结果显示农村就业政策环境感知和认知能力的交互项回归系数为－0.132，通过5%的显著性检验，一定程度上显示高认知能力者，学习能力强，擅长制定合理目标和选择恰当的策略，在不同环境中均能表现出较为优异的成绩，因而往往会对自身产生较高的期望，显然现阶段在城市发展更能满足其对未来发展的预期。模型2和模型5探究的是人际关系能力能否调节农村就业政策环境感知与就业意愿的关系，农村就业政策环境感知和人际关系能力交互项未通过显著性检验，说明尽管人际关系能力对农村就业意愿具有正向作用，但并未能调节农村就业环境感知和大学生就业意愿之间的关系。

模型中各个变量的方差膨胀因子（VIF）最大值均小于1.463，不存在多重共线性问题；F统计量的p值都非常小，表明4个模型在整体上都是显著的，因此，上述结果可信度较高。

表9－6 农村就业政策环境感知与农村就业意愿回归结果

变量		农村就业意愿			
		模型2	模型3	模型4	模型5
控制变量	…	…	…	…	…
自变量	农村就业政策环境感知	0.13**	0.09	0.178***	0.16**
调节变量	社会支持		0.012*		
	认知能力			－0.074	
	人际关系能力				0.034
交互项	农村就业政策环境感知×社会支持		0.013*		
	农村就业政策环境感知×认知能力			－0.132**	
	农村就业政策环境感知×人际关系能力				0.082
模拟指标	调整后R^2	0.045	0.053	0.051	0.058
	F值	3.5***	3.51***	3.39***	3.73***
	VIF	≤1.287	≤1.325	≤1.463	≤1.301

注：* 为$p<0.1$，** 为$p<0.05$，*** 为$p<0.01$。

9.5 结论与启示

综合以上研究显示，农村就业政策环境感知、社会支持、人际关系能力对农业高校大学生农村就业意愿具有显著正向影响；认知能力对农村就业意愿有显著反向作用，并且和社会支持分别反向调节、正向调节农村就业政策环境感知和农村就业意愿的关系。从分析中得到如下启示。

（1）农村就业政策环境感知对农业高校大学生农村就业意愿有正向影响，但影响效应并不高，因此需在加大政策宣传的同时，还要在现有政策基础上，结合各地发展目标，因地制宜，进一步完善大学生农村就业政策体系，构建大学生农村就业长效机制。

（2）尽管当前农村就业政策环境能够一定程度上提升农业高校大学生的农村就业意愿，但对就业能力较强的大学生来说吸引力不够，他们还是更倾向在城市区域寻求更好的发展机会和生活环境条件。可见，农业高校大学生前往农村基层就业的深层动因还是基于自身价值的实现而非社会价值。这提示了我们，对大学生就业能力的培养和就业观念的塑造要齐头并进，帮助农业高校大学生塑造正确的价值观。

（3）社会支持是引导农业高校大学生前往农村就业的关键因素。为此，应该联合社会各界构建大学生人文关怀体系，提升大学生社会支持；同时要加强农村基层就业舆论宣传与价值引领，借助乡村振兴和建设社会主义现代化强国的契机，纠正社会存在着对大学生农村就业认知的偏差，在全社会范围内营造"支农强国"的氛围，倡导大学生到祖国最需要的地方实现自身人生价值的观念，引领更多大学生到基层历练成长、建功立业。

第 10 章　高素质乡村振兴人才培育机制的完善与创新

乡村振兴，关键在人。中共中央办公厅、国务院办公厅 2021 年 3 月印发《关于加快推进乡村人才振兴的意见》提出要坚持把乡村人力资本开发放在首要位置，要深入实施现代农民培育计划，加快培养乡村治理人才，加快农业农村科技人才等的培养，根据前述分析提出如下对策建议。

10.1　建立镇级人才驿站，深入实施现代农民培育计划

10.1.1　建立镇级人才驿站，实施送教下乡

2021 年国家乡村振兴局提出将进一步加大技能人才培养力度，要提升农民素质，培养有益于乡村建设发展的人才，尤其是营造有益于农民自我能力提升、自我成才的条件和氛围。因此，要建立镇级人才驿站，充分发挥人才驿站的育才、聚才作用，整合乡镇各方资源，开展技能培训，实施送教下乡，创造农民自我能力提升、自我成才的条件。

2021 年是实施乡村振兴的开局之年，各镇正在进行中长期的发展规划，要把建立镇级人才驿站作为 2021—2025 年的重点任务，在常住人口比较大（＞4 000 人）的行政村宜设立人才服务点。

（1）镇级人才驿站应聚焦促进农民致富能力培养，联合高校与科研院所、职业院校、技工院校、农业广播电视学校、开放大学、行业商协会等机构，开展常态化系统性技能培训，聚焦培养高素质农民、新型农业经营主体带头人和农村创业创新带头人；因地制宜创新性开展如广东"粤菜师傅""广东技工""南粤家政"工程人才、农村电商人才、乡村工匠等人才培养项

目，积极培育高素质本土人才。鼓励各机构部门送教下乡进村，不断提升农民学习的便利性，实现农民到镇上即可参加各类技能的培训学习，在田地里即可学习到相关种养技术。尽量避免学员的跨区流动，满足当前新冠疫情防控要求的同时，进一步提升农民参加培训的意愿。

（2）依托镇级人才驿站，利用在线教育资源，实施"农民网络学院培训项目"和"百万农民线上免费培训工程"，培养农民学习掌握先进的学习方法和信息获取方式，培养农民的数字化意识与能力，助推数字乡村建设。

（3）依托镇级人才驿站，设立名师工作室、大师传习所、传统技艺人才工作站，开启培育乡村工匠工作，积极挖掘培养乡村手工艺者、手工艺人，使他们通过技能致富。

（4）依托镇级人才驿站，建设人才培训基地，设立农村电商培训中心、乡村工匠培训中心和创新创业孵化中心，并与相邻镇形成优势互补，资源共享。

10.1.2　开发多层级的培训课程，提供精准培训

依据小农户基础素质、个体特征、能力的差异特征，开发相应的培训课程，为"老农人""中坚农民""农业创业者""转移就业者""新生劳动力"提供精准培训。

（1）对于受教育程度较低、年长的、长期从事农业的农民，因为其学习和接受新知识的能力较弱，称之为"老农人"，宜对其进行现代农业知识的普及性教育、农业基本技术的操作性培训等；主要通过完善农业生产性服务体系，通过专业队伍为他们提供精准服务，据统计我国有 225 万家各种类型的农民专业合作社以及 90 万家社会化服务组织，是促进小农户与现代农业发展衔接的农业服务体系。

（2）对于年轻、文化程度较高的农民，因为其接受新事物、新思想、新技术的意识与能力较强，是"实施乡村振兴的中坚农民"，宜开展先进理念和理论知识教学，传授新技术、新方法、现代经营管理知识等；要把他们培养为农场主、农业职业经理人、专业合作社负责人、农业企业家等新型农业经营主体；要加大力度吸收中坚农民加入农村党组织，发挥党员的先锋模范带头作用。

（3）对愿意下乡从事农业的有识之士、返乡创业人员等，称之为"农业创业家"，宜提供创业培训、农产品品牌创建、现代经营管理甚至人力资源管理等的培训，以培育壮大农业企业。

（4）对外出务工劳动力着力提升转移就业技能。针对准备外出务工的劳动者，按照国家乡村振兴局提出的"应培尽培、能培尽培"的原则，加大岗位培训力度；大力开展定向定岗培训、急需紧缺职业专项培训、职业转换培训和创业培训，满足多元化技能提升需求，提升乡村劳动力转移就业技能。

（5）对新生劳动力着重创造技能培养条件。要做好九年义务教育与职业教育的无缝衔接，做好农村新生劳动力的资助与培养，创造条件，让每位"新生劳动力"都有机会接受现代职业教育，为乡村振兴培育储备高素质技能人才。

10.1.3　创新培育机制

10.1.3.1　探索建立积分制，激励小农户自主持续学习

党中央提出到 2025 年，农业农村现代化取得重要进展，培育高素质农民，将先进适用的品种、投入品、技术、装备导入小农户，实施家庭农场培育计划，把农业规模经营户培育成有活力的家庭农场。因此，建立和完善激励机制，提高小农户主动学习的意识与持续学习能力十分迫切。广东省农业农村厅倾力打造"广东精农网院"在线学习平台，已开设了 8 大类、3 000 节农业课程，农民通过课程考试后，将获得相应专题的结业证书，这是一种荣誉和身份奖励；还可以尝试进行物质奖励，即探索建立学习积分兑换制，每通过一门课程考试即可获得一定学分，累积一定量学分后可以兑换一定量的农资物质等；通过精神和物质的双重奖励，激励农民自主持续学习。

10.1.3.2　创新教学组织方式

完善"课堂学习＋现场教学＋网络教学"的立体教学载体，采用"固定课堂、流动课堂、云上课堂"相结合的方式，满足不同特征小农户参与培训的要求。

一是依托培训基地设立固定课堂，主要集中进行理论授课，学习新知识、新技术、新政策，同时有助于大家互相交流经验。

二是依托农业企业、产业园区等设立流动课堂，即依托农业企业、产业园区构建符合农业生产和经营管理的现场教学点，使得学员可以直观地操作和实习，提升对先进技术的认识与掌握。

三是依托智能手机构建"云上课堂"，农民掌握智能手机的比例较高，充分发挥智能手机的培训功能，开发适合农民进行网络学习的课程，满足小农户随学随用的要求。

10.1.3.3　实施多元协同培育机制

探索由"农业职能部门＋农业高校（职校）＋企业"多元协同，进行"指导服务＋培训＋学历提升"的培育路径，培育高素质农民、新型农业经营主体、农业企业家。

一是由农业职能部门进行分类组织，农业高校（职校）制订计划实施，充分吸收农业龙头企业、农场主、专业合作社等专业人才参与到培训体系，实现多元协同培训。

二是实施"培训＋推广＋服务"的培育路径。对农户培训的过程中要融入技术推广，使农民看到技术的先进性、实用性、安全性，激发小农户参与培训的积极性，同时要提供专业的生产指导与服务，使得更多先进的农业技术得到普及推广，提升培训效果。

三是实施高素质农民学历提升行动。加强与涉农高校（职业院校）的战略合作，发挥其人才培养的师资优势，协同探索涉农人才培养新机制新模式，推行农学结合、弹性学制，以基层组织带头人、乡村产业带头人及青年农民为重点，实施定向培养计划，根据需求不同，可以开展农业大专、本科、农业专业硕士的多层次学历教育。

10.2　基于"乡村建设领头雁"村干部的培育机制构建

村干部是乡村治理和乡村发展的"领头雁"，农村政策千万条，最终都要靠基层干部来落实。作为基层的执行和贯彻者，村干部队伍建设的质量直接影响到乡村振兴的速度和效果。2021 年 3 月中共中央办公厅、国务院办公厅印发了《关于加快推进乡村人才振兴的意见》，提出要加快培养乡村治理人才，推动村党组织带头人队伍整体优化提升。因此如何不断提高村干部能力素质，进一步激发村干部活力，确保党和政府对于农村制定的政策能够有效地执行，对于继续稳步推进农村治理现代化、实现乡村振兴，复兴中国梦，具有非常重要的意义。

10.2.1　村干部的定义

村干部是指通过村民自制机制选举产生的、在党组织和村民委员会及其配套组织担任一定职务、行使公共权利、管理公共事物、提供公共服务，并享受一定政治经济待遇的工作人员。从广义角度看，村干部包括三类：一是村民小组长、妇女主任、民兵连长等；二是上级选派机关干部到村任职人员，例如驻村干部、第一书记等；三是选聘的大学生村官。从狭义角度看，村干部是指在村党组织和村委会的任职人员，包括村支部书记与村支部委员会成员、村主任与村民委员会成员，其中村党组织书记和村委会主任是主要干部，即村"两委"干部。综上所述，村干部即农村村"两委"干部。

村干部是村民自治组织的"当家人"和"领头雁"，社会主义新农村的建设和乡村振兴的实现，最终要靠村干部团结、带领广大村民群众去实践落实。他们活跃在农村工作的第一线，是党在农村路线、方针、政策上的宣传者和执行者，他们承担着领导和推动农村经济社会发展和建设社会主义新农村的重要职责。习近平总书记强调"在迈向现代化的进程中，农村不能掉队；在同心共筑中国梦的进程中，不能没有数亿农民的梦想构筑。中国要强，农业必须强；中国要美，农村必须美；中国要富，农民必须富"。因此，做好"三农"工作实现乡村振兴，村干部身负重任，加强村干部队伍能力建设，激励广大干部前进意义非凡。

10.2.2　实施乡村振兴对村干部的能力要求

实施乡村振兴对村干部的能力要求。以"村干部能力""村干部素质""农村基层干部"为关键词，查阅知网核心期刊、新闻报道、政策文件，并对文献进行分析，词频达 16 及以上的指标达 14 项（表 10 - 1），通过分析可知，排在前五位的依次是法治意识、沟通协作能力、战略规划能力、带头致富能力、数字能力、"三农"知识、担当精神。显示实施乡村振兴对村干部的能力提出了新的要求，新时期的村干部要懂"三农"，有较强的基层治理能力，还有谋划村庄发展的战略规划能力、带领村民致富的能力及推进数字乡村建设的能力。

表 10 - 1　村干部能力指标词频表

序号	能力指标	词频
1	法治意识	46
2	沟通协作能力	40
3	战略规划能力	36
4	带头致富能力	31
5	数字能力	31
6	"三农"知识	31
7	担当精神	30
8	解决问题能力	29
9	服务能力	27
10	大局意识	26
11	创新能力	23
12	爱岗敬业	22
13	学习能力	18
14	调查研究	16

资料来源：根据文献整理。

2021 年广东省对村"两委"干部进行了换届，课题组对换届后的村"两委"进行了随机调查，共调查了 146 个行政村村支部书记，其中 50 岁以上的仅为 19.18%，40～50 岁的 44.52%，30～40 岁的 30.14%，30 岁以下的占 6.16%；文化程度在本科及以上的 8.90%，大专的占 54.79%，高中的占 21.92%，初中及以下的占 14.38%；显示换届后的村支部书记/主任年龄逐步趋向年轻化，文化程度显著提高。但在访谈中我们了解到，有一定数量的村支部书记对本村的建设没有太多的想法，更没有长远的规划，习惯于上级怎样说就怎样做，与乡村振兴对村干部的能力要求存在一定差距。

10.2.3　村干部培育机制的构建

中央提出要坚持把政治标准放在首位，选拔思想政治素质好、道德品行好、带富能力强、协调能力强，公道正派、廉洁自律，热心为群众服务的党员担任村干部,因此,必须建立完善的村干部选用、培育、管理机制。

10.2.3.1 创新培育机制

要紧扣全面推进乡村振兴、加强党建引领基层治理任务要求,聚焦村干部素质能力短板弱项,通过专题培训、学历提升、挂职锻炼提升村干部素质。

(1)突出岗位特征,优化专题培训内容。实施"头雁提升、群雁建强、雏雁培育"三项计划,提升农村干部能力素质。

各村党组织书记,是"双肩挑",是村"两委"的"领头雁",头雁的格局和能力决定了村的发展与建设,在开展政治理论、基层党建、基层治理、担当精神等方面培训的基础上,着重开展战略思想的强化、战略规划知识与理论的培训,提升破解难题能力、促进乡村改革发展能力。

青年干部文化程度高、接受新知识新技能的愿意和能力较强,但是工作经验和工作历练有待加强,要着重提升政治能力、抓落实能力、群众工作能力等,也要加强对数字乡村建设意识的强化,提升数字能力,掌握融媒体等新知识新技术,不断培养"雏雁"的正气、才气、灵气、锐气。

对女干部要聚焦发挥巾帼"领头雁"作用,把女性的独特优势与岗位要求结合起来,加强女性干部的专项培训,帮助其尽快掌握工作方法、适应岗位要求。

(2)实施村干部学历提升计划。要充分发挥农业高校的人才培养优势,统筹规划高校教育资源,发挥学科优势,建立更加开放灵活的培训机制,提升基层干部素质能力。

宜在高校开设村干部专班,通过攻读非全日制农业管理、农村发展、公共管理、法律等硕士专业学位或成人教育专科、本科,提高村干部学历。要针对村干部能力培养要求,制订专项培养计划和课程体系,建强"群雁"。

(3)实施村干部挂职锻炼计划。要选拔年轻干部或后备干部到农业高校、涉农龙头企业、高新企业、产业园、乡村振兴全国先进单位进行为期1~2年的挂职锻炼,培养后备"头雁"。

(4)实施"党员人才回乡计划",以县(区)为主体建立党员人才库,出台党员人才回乡政策,吸引爱家乡、有文化、懂科技、有经营管理经验的人才回乡,并不拘一格将返乡人才选拔到村领导岗位上来,带动各类人才投身乡村振兴。

（5）建立村干部后备人才库。加大对村干部后备队伍的选拔培养。以县（区）为主体建立村级后备干部队伍信息库，吸收优秀人才特别是优秀青年加入党组织，从优秀青年、致富能手、外出务工、外出求学人员、退役军人等的党员中选拔村干部后备人选，由县（区）、镇统筹培养，为选优配强村干部提供源头活水。

（6）建立完善的村干部发展渠道。国家要加大从优秀村干部中考录乡镇、县（区）公务员、招聘乡镇甚至县（区）事业编制人员的工作力度，统筹落实从优秀村干部中选拔乡镇领导班子成员的政策，畅通村干部晋升渠道，让乡村成为优秀干部成长的摇篮。

10.3 基于"新农科"——涉农综合高层次人才的培育机制构建

随着国家实施脱贫攻坚、乡村振兴、生态文明和美丽幸福中国建设等系列战略以来，对高校也提出了更高的要求，高校要着力培养农业现代化的领跑者、乡村振兴的引领者、美丽中国的建设者，更加有效服务乡村治理和乡村文化建设，更加有效地促进人与自然的和谐共生，为打造天蓝山青水净、食品安全、生活恬静的美丽幸福中国作贡献。目前世界正面临第三次农业技术革命，生物技术、信息技术、工程技术、人工智能等蓬勃发展，随着农村劳动人口越来越多地转移到城市，传统种植模式已不能回答"谁来种地"的问题，农业正在朝着高度机械化、信息化、智慧化发展，从生产、营销到仓储都需要科学引导和决策，进行全产业链管控。因此农业高校肩负着培养能够适应和引领未来发展需要的新型涉农综合人才的重任，即培养适应农业农村现代化发展，服务新产业、新业态的综合型人才（韩天琪，2019）。农业高校要全面贯彻党的教育方针，落实立德树人的根本任务，面向新农业、新乡村、新农民、新生态，创新人才培育机制，为乡村振兴提供强有力的人才支撑。

10.3.1 加强涉农高校大学耕读教育

2021年8月教育部制定了《加强和改进涉农高校耕读教育工作方案》，

提出要让学生"走进农村、走近农民、走向农业，了解乡情民情，学习乡土文化""将耕读教育有机融入人才培养全过程"，为实施乡村振兴和建设农业农村现代化培养高素质涉农综合人才。

（1）涉农高校要充分发挥农业学科优势和教学科研基地条件优势，加强对非农专业学生涉农学科知识教育与实践，提高学生农业素养。华南农业大学于 2013 年依托校内教学科研基地（校本部与增城宁西），对全校非农本科生开设一周的农事实训课，也是全国首家给非农专业学生开设农事训练课程的院校。据统计，农事训练课程开设 50 余全教学模块，涵盖农学、植物保护、资源环境、生命科学、园艺、林学、动物科学、动物医学、食品等多个学科，建设光伏农业园、植物工厂、食用菌厂、中草药圃、茶学堂、兰花基地等农事训练教学场景 17 个；拥有农用无人喷药机、PM 2.5 测试仪、制茶机、打药机、耕作机械等教学设备，在农事训练课上，大学生可以亲自动手种田、养蚕、制作手工皂、使用微耕机、操作无人机等，体验传统与现代化相结合的农耕生活，农事训练教学成为华南农业大学最受学生欢迎的课程之一，学生对农事训练给予了很高的评价："亲农之艰辛，嗅土之芬芳"。

农事训练成为华南农业大学充分发挥生命科学、农业科学的优势，依托校风教学科研基地，对非农学生进行农科与非农科融合教育，促进学生知识、能力、素质有机融合，培养学生认识农业的重要途径之一。

（2）要培养学生"大国三农""支农强国"的情怀。鼓励学生投身到实施乡村振兴的伟大战略中。华南农业大学一直以来，通过"三下乡"形式，组织学生到乡镇、村（社）、产业园、林区、生产一线进行现场调研、考察、学习，通过"三下乡"活动，坚定学生科技兴农的信心，增强学生服务"三农"、推进乡村振兴和我国农业农村现代化的使命感和责任感。"三下乡"活动成为大学生耕读教育的重要途径之一。

（3）加强优秀传统文化熏陶，坚定文化自信。要将中华耕读文化融入校园文化建设，将农耕文明融入到校园文化建设和美育实践中，华南农业大学于 2019 年建立了华南农业博物馆，自博物馆建立以来学校经常组织学生到博物馆进行参观学习并组织学生进行志愿活动，学生们在学习和志愿活动中受到中华耕读文化的熏陶、了解乡情民情、学习乡土文化。参观农业博物馆成为华南农业大学耕读教育的又一重要途径。

10.3.2 改革农业高校课程教学机制

要培养综合涉农人才，必须打破现有学科边界，破除专业壁垒，推进农业学科与工科、理科、商科等双学科或多学科的深度融合，培养"农学＋N"的多学位人才。目前许多高校都在实施辅修学位和第二学位的教学与探索，如华南农业大学经济管理学院有金融学、会计学、人力资源管理、市场营销等8个专业向全校开设第二学位辅修，由于辅修人数较少，导致不能独立开班，由于学生第一学位与第二学位课程时间有冲突等原因，目前只有金融学能够持续开设第二学位辅修。因此，要培养多学科人才，必须改革人才培养机制。

（1）实行完全学分制。分为公共课程学分、学科基础课程学分、专业课程学分三类，学生可以根据兴趣和需求在主专业外，修读辅修专业学科基础课程学分、专业课程学分，获得相应的学位。

（2）加大力度建设网络课程资源库。学生在校学习时间比较短，要获得多个学位，必须充分利用假期和业余时间，因此高校要加大投入建设慕课课程，满足学生业余学习的需要。对于通过网络课程学习获取学分的，要加强课程考核，保证学习质量。

（3）实行三学期制。对于辅修第二学位或多学位的学生，可以把实验教学课程和需要操作的课程等安排在暑假进行，实行三学期制，满足学生学习要求。

（4）加强基层就业的指导。要在大学生就业指导课程中增设一至两个农村基层就业指导模块，有针对性地提升大学生服务农村的观念意识，提升大学生农村基层就业能力，为大学生到农村就业提供指导服务。

10.3.3 建立区域"新农科教育联盟"

以教育部为核心，以各省份农业龙头高校为依托，建立区域新农科教育联盟，整合区域涉农人才培养力量，共享课程、培养基地、师资、实验室、图书资料等教学资源，提升涉农人才综合培养能力，深入推进实施科技兴农、乡村农技服务，推动人才下沉、科技下乡、服务"三农"。

（1）"新农科教育联盟"不限于农业高校，可以邀请区域内所有的高校、科研院所、农技推广服务中心、乡村振兴人才驿站等加盟，为学生提供更多课程选择和实践机会，促进产、学、研协同，联合培养"新农人"。

（2）鼓励在校大学生参加科技兴农、乡村农技服务活动、乡村振兴志愿服务。建立镇村级实践教学基地，选派学生到镇村级产业技术示范基地实践学习，将课堂学到的新理论、新知识、新技术应用到乡村建设中，将学位论文、毕业设计写在（规划）在乡村建设大地上，既培养适应乡村建设需要的人才，也为基层补充新鲜血液，增添活力，更为农技推广储备技术人才。

附录 A：农业高校大学生农村就业意愿调查问卷

亲爱的同学：

您好！受教育部委托，华南农业大学承担了《新型职业农民培养机制创新研究》课题研究，为了完成这项研究，需开展对农林院校大学生农村就业意愿调查，在此诚挚邀请您填写以下问卷，所需时间 3～5 分钟。我们所获的数据仅作为学术研究用途，会对您的答案严格保密，请放心填答。祝您前程似锦！

一、基本信息

1. 您的性别为？

    A. 男   B. 女

2. 毕业年份：＿＿＿＿＿；最高学历专业：＿＿＿＿＿（全称）。

3. 您的政治面貌为？

    A. 群众   B. 共青团员

    C. 民主党派人士   D. 中共党员或预备党员

4. 绩点平均排名？

    A. 前 20％   B. 21％～50％   C. 51％～80％   D. 后 20％

5. 您家所在区域？

    A. 农村地区   B. 县及县以下城镇地区

    C. 三四线城市地区   D. 一二线城市地区

6. 家庭收入在当地水平？

    A. 低收入家庭   B. 中下等收入家庭

    C. 中等收入家庭   D. 中上等收入家庭

E. 高收入家庭

7. 家庭人际网络？

    A. 非常少   B. 少   C. 一般   D. 广泛

    E. 非常广泛

8. 您的毕业时间为？

    A. 2023 年   B. 2022 年   C. 2021 年   D. 2020 年

    E. 2019 年   F. 2018 年及以前

9. 我有意愿前往农村基层就业（农村基层就业指参加"西部计划""三支一扶""特聘教师""大学生村官"等计划，或者通过各种方式充实县级以下各类乡镇党政机关、行政管理部门、企事业单位、涉农企业等地方进行工作，包括自主创业和自谋职业）？

    A. 非常不同意 B. 不同意   C. 一般   D. 同意

    E. 非常同意

二、就业环境感知和就业能力测量（您是否同意以下说法）

农村就业环境感知：	非常不同意	不同意	一般	同意	非常同意
ZC1：国家政策倾斜农业发展					
ZC2：我了解政府对涉农人员提供的指导和服务					
ZC3：党政机关、企事业单位重视基层工作经历					
ZC4：我了解基层就业相关激励保障政策					
JY1：学校专业教育和就业指导鼓励到农村基层就业					
JY2：学校"崇学事农"，涉农发展氛围较好					
JY3：学历背景和专业知识能够成为农村基层就业优势					
ZY1：我将来前往农村基层发展有资源可对接					
ZY2：我身边有成功的基层就业榜样可以学习					
ZY3：我的社会网络成员能够对我的农村基层就业行为给予实际帮助					
WH1：农村基层具有广阔发展前景					
WH2：农村基层生活条件得到优化，基础设施逐步完善					
WH3：舆论媒体及大众关注及认可大学生农村基层就业					
WH4：农村基层社会文化和群众素质得到提升					

（续）

人际关系能力：	非常不同意	不同意	一般	同意	非常同意
*RJ*1：我对人友好，具有亲和力					
*RJ*2：我能够通过多种策略给他人留下好印象，并让他人接受自己					
*RJ*3：我待人处事有礼貌，落落大方，不卑不亢					
*RJ*4：我能够很好地理解别人的情绪和情感，与他人形成良好的情感沟通					
认知能力：	非常不同意	不同意	一般	同意	非常同意
*RZ*1：我能够有效运用知识、技能、经验去解决问题					
*RZ*2：我能够灵活地应用新知识、新技术或新工艺					
*RZ*3：我能够很好地应对突发事件，能急中生智					
*RZ*4：我善于从实践中总结经验教训，触类旁通					
*RZ*5：我对工作程序和关键环节的分析思考科学合理					

三、社会支持测量

1. 您拥有多少关系密切，能够倾力支持和帮助您的朋友（单选）？

    A. 1 个也没有　　　　　　B. 1～2 个

    C. 3～5 个　　　　　　　D. 6 个或 6 个以上

2. 近一年来您（单选）？

    A. 远离家人，独居

    B. 住处经常变动，多数时间和陌生人住在一起

    C. 多数时间和同学、朋友住在一起

    D. 多数时间和家人住在一起

3. 您与同学的关系（单选）？

    A. 相互之间只是点头之交，从不关心

    B. 遇到困难部分同学可能会稍微关心

    C. 有些同学很关心您

    D. 大多数同学都很关心您

4. 您与舍友的关系（单选）？

    A. 相互之间从不关心，只是点头之交

B. 遇到困难可能稍微关心

C. 有些舍友很关心您

D. 所有舍友都很关心您

5. 您从以下社会关系成员得到的支持和照顾（在合适的框内打"√"）。

	无	极少	一般	全力支持
A. 父母				
B. 爷爷奶奶				
C. 兄弟姐妹				
D. 亲戚				
E. 男/女朋友				

6. 过去，在您遇到紧急情况时，曾经得到经济支持或解决实际问题的帮助的来源有（多选题)？

A. 家人　　　　　B. 伴侣　　　　　C. 亲戚　　　　　D. 同学

E. 朋友　　　　　F. 学校

G. 党/团组织或学生会等官方/半官方组织

H. 社会团体等非官方组织　　　　I. 其他

7. 您遇到烦恼时的倾诉方式（单选)？

A. 从不向任何人倾诉

B. 只向关系极为密切的1～2个人倾诉

C. 如果朋友主动询问您会说出来

D. 主动诉叙自己的烦恼，以获得支持和理解

8. 您遇到烦恼时的求助方式（单选)？

A. 只靠自己，不接受别人帮助

B. 很少请求别人帮助

C. 有时请求别人帮助

D. 有困难时经常向家人、亲友、组织求援

9. 对于团体（如党/团组织、学校、班级、学生会等）组织的活动，您（单选)？

A. 从不参加　　　B. 偶尔参加　　　C. 经常参加　　　D. 主动参加

附录 B　小农户融入现代农业发展
能力现状问卷调查

调查地点：＿＿＿＿＿＿＿＿＿　　　　　调研时间：＿＿＿＿＿＿＿＿＿

尊敬的农民朋友：

　　您好！受教育部委托，华南农业大学承担了《新型职业农民培育机制创新》课题研究，为了完成这项研究，需开展对小农户融入现代农业发展能力现状进行调查，现特邀请您参加问卷调研。请您花几分钟回答以下问题，您只需在认为合适的选项上打"√"，如果选"其他"项，请补充符合您实际情况的内容。答案没有对错、好坏之分，问卷所涉及的信息都会保密，非常感谢您真实的回答，谢谢您的大力配合！

华南农业大学经济管理学院

年　月　日

一、基本情况

1. 您的年龄？

　　A. 29 岁以下　　B. 30～39 岁　　C. 40～49 岁　　D. 50 岁以上

2. 您的性别？

　　A. 男　　　　　B. 女

3. 您的文化程度？

　　A. 小学及以下　B. 初中　　　　C. 中专　　　　D. 高中

　　E. 大专　　　　F. 本科及以上

4. 您的主要身份？

　　A. 普通农户　　B. 种养大户　　C. 家庭农场主　　D. 农业企业负责人

5. 您是否还具有以下第二身份？

　　A. 无　　　　　B. 村干部　　　C. 农业协会、合作社负责人

D. 返乡创业人员　　　　　　　　E. 农业生产、销售、输运等服务人员

6. 是否为党员？

    A. 是　　　　　　　　　　　　B. 否

7. 您从事农业的年限？

    A. 5 年以下　　B. 6～10 年　　C. 11～15 年　　D. 16～20 年

    E. 20 年以上

8. 您家耕种或承包的土地面积？

    A. 1 亩以下　　B. 2～3 亩　　C. 4～5 亩　　D. 6～7 亩

    E. 8～10 亩　　F. 11～15 亩　　G. 16～20 亩　　H. 20 亩以上

9. 您家主要生产或经营的农产品有？

    A. 蔬菜水果　　B. 谷物　　　C. 豆类　　　D. 薯类

    E. 烟叶　　　　F. 棉花麻类　G. 油料　　　H. 糖料

    I. 园艺作物　　J. 香料作物　K. 中草药　　L. 其他作物

10. 您每年的农产品主要是怎样销售的？（多选）

    A. 主要供自家吃　　B. 自己在本地赶集时卖　　C. 自己在网上卖

    D. 有合作社或收购商或公司临时收购

    E. 与收购商或公司签证了合同，按合同收购

11. 您家总共有几个劳动力（18～60 岁）？

    A. 1 个　　　　B. 2 个　　　C. 3 个　　　　D. 4 个

    E. 5 个及以上

12. 您家的主要收入来源是？

    A. 农业收入占大头

    B. 打工等非农收入占大头

    C. 农业收入和非农收入都是主要来源

    D. 其他来源

13. 您家庭的年收入约为？

    A. 5 万以下　　B. 5 万～10 万　C. 10 万～15 万　D. 15 万～20 万

    E. 20 万以上

14. 你是否与农业企业、合作社、公司等签订了合作协议？

    A. 无　　　　　　　　　　　　B. 曾经签订过，现在不想签了

C. 正在考虑，寻求合作　　　　D. 已经签订

15. 您有几年外出打工经历？

A. 无　　　　B. 1 年以下　　C. 1～5 年　　D. 6～10 年

E. 10 年以上

二、小农户融入现代农业发展能力现状

请您根据现状回答以下问题，并在您选择的选项上画"√"。

（一）持续学习能力

A1. 您总是参与培训学习，并主动认识农业专家和技术员，以便日后可以
向他们请教和学习？

A. 非常不同意　B. 不同意　　　C. 一般　　　　D. 同意

E. 非常同意

A2. 您总是向农业专家、技术员请教，并与同行探讨农业知识？

A. 不联系　　　B. 偶尔联系　　C. 一年联系 3～5 次以上

D. 经常电话、QQ 或微信联系

E. 经常联系，还请他们到现场参观、交流、指导

A3. 您对农业生产技术（如病虫害防治、防涝保湿、灌溉育种技术等）的
学习和掌握程度如何？

A. 完全不懂　　B. 懂得一点　　C. 基本掌握　　　D. 懂得很多

E. 熟练掌握

A4. 您希望通过不断学习，力求将自己发展成为新时代爱农业、懂技术、
善管理的职业农民？

A. 非常不同意　B. 不同意　　　C. 一般　　　　D. 同意

E. 非常同意

（二）个人基础素质

B1. 您会想办法提高自己与别人打交道的能力（单选）？

A. 非常不同意　B. 不同意　　　C. 一般　　　　D. 同意

E. 非常同意

B2. 您是否能够协调好农忙时间的生产安排，与同行保持密切联系？

A. 非常不同意　B. 不同意　　　C. 一般　　　　D. 同意

E. 非常同意

B3. 您能够与同行或者顾客准确表达自己的观点，进行有效的沟通保证生产经营活动顺利进行？

　　A. 非常不同意　B. 不同意　　　C. 一般　　　　　D. 同意

　　E. 非常同意

B4. 您对自己有信心，遇到任何困难能够以乐观的态度去面对和解决？

　　A. 非常不同意　B. 不同意　　　C. 一般　　　　　D. 同意

　　E. 非常同意

B5. 日常生活中，您总是把分内的事情做好，并且能够勇于承担相应的后果？

　　A. 非常不同意　B. 不同意　　　C. 一般　　　　　D. 同意

　　E. 非常同意

B6. 您有过与他人共同搞生产或做生意的合作经历吗？

　　A. 不需要，自己就能完成

　　B. 想与他人合作，找不到合作机会

　　C. 较少合作，只有一两次经历

　　D. 偶尔与他人合作

　　E. 经常合作，与他人建立了长期合作关系

B7. 您日常生活中是否会主动看书或者观看国内外时事新闻？

　　A. 不关注　　　B. 偶尔关注　　C. 一般　　　　　D. 别人提醒后关注

　　E. 非常主动关注

（三）现代农业素养

C1. 您经常关注国家有关农业、农村、农民的相关政策？

　　A. 不关注　　　B. 偶尔关注　　C. 一般　　　　　D. 别人提醒后关注

　　E. 非常主动关注

C2. 您是否会在生产过程中重视环保，如农药残留、水土重金属含量超标等？

　　A. 不关注　　　　　　　　　　　B. 很少关注

　　C. 偶尔听别人说才知道　　　　　D. 会主动了解

　　E. 非常关注，尽量控制

C3. 您是否会关注有关自身权益的新闻或者案例，了解相关法律知识以保证自己和他人的权益？

A. 不关注　　　B. 偶尔关注　　　C. 一般　　　　D. 别人提醒后关注

E. 非常主动关注

C4. 您是否会主动学习农产品质量安全的知识？

A. 不想　　　　　　　　　　B. 偶尔了解一下

C. 一般　　　　　　　　　　D. 别人提醒后会学习

E. 非常主动学习

（四）现代经营管理意识

D1. 您会把品相较好的农产品卖给别人，较差的留给自己食用？

A. 非常不同意　B. 不同意　　　C. 一般　　　　D. 同意

E. 非常同意

D2. 您会关注并收集各方面的市场行情信息（如政策变动、市场需求等）来制定销售计划？

A. 不关注　　　　　　　　　B. 偶尔关注

C. 一般　　　　　　　　　　D. 别人提醒后关注

E. 非常主动关注

D3. 在日常经营活动中，您很关注销售成本和净利润，并谨慎投资？

A. 非常不同意　B. 不同意　　　C. 一般　　　　D. 同意

E. 非常同意

D4. 您意识到市场竞争激烈，并采用多种渠道或方式销售农产品？

A. 非常不同意　B. 不同意　　　C. 一般　　　　D. 同意

E. 非常同意

D5. 您能够根据自家农产品特点与市场需求制定营销方案？

A. 非常不同意　B. 不同意　　　C. 一般　　　　D. 同意

E. 非常同意

D6. 您是否会去主动学习如何打造农产品品牌？

A. 不会　　　　B. 偶尔了解一下　C. 一般　　　　D. 别人提醒后学习

E. 非常主动学习

D7. 您对农业新技术、新品种、新方法的关注和尝试（单选）？

A. 不关注

B. 偶尔关注

C. 经常关注，未尝试过

D. 十分关注，看别人成功了也会尝试

E. 非常关注，主动尝试，并会指导别人

三、农民绩效

1. 您所经营的土地每亩收入与别人相比如何？

　A. 比别人低很多　　　　　B. 比别人低一点

　C. 和别人差不多　　　　　D. 比别人高一点

　E. 比别人高很多

2. 您家近 3 年农产品盈利情况如何？

　A. 亏损较大　　B. 亏损较小　　C. 基本持平　　D. 盈利较少

　E. 盈利较多

3. 您家农业生产搞得特别好，能带动周边农民致富？

　A. 无　　　　　　　　　　B. 有一两个农民跟着我做

　C. 一般　　　　　　　　　D. 有较多的农民跟着我做

　E. 有很多的农民都跟着我做

4. 您家农产品销路如何？

　A. 没有销路，农产品都是供自己吃

　B. 销路较差，自己上市场销售

　C. 一般，零散的批发商上门收购

　D. 销路较好，有专门的合作社收购

　E. 销路渠道多样，线上线下相结合

四、培训现状及需求

1. 您参加过几次与农业生产相关的培训？

　A. 无　　　　　　B. 参加过 1 次　C. 参加过 2 次　D. 参加过 3 次

　E. 参加过 4 次及以上

2. 您对培训班上老师讲课内容的理解情况？

　A. 比较难，听不懂　　　　B. 有点难，不容易懂

　C. 难度合适，基本能听懂　D. 内容比较浅，听得懂

　E. 很容易懂，希望增加难度

3. 您参加培训的理由是（可多选）？

A. 获取农业知识　　　　　　B. 提高农业生产技术

C. 提高经营管理能力　　　　D. 认识专家同行

E. 获取证书

4. 您希望参加的培训方式是？

A. 参加短期知识技能培训　　B. 学历提升

5. 你希望参加哪些培训班（多选）？

A. 农业生产或加工技术　　　B. 农业经营管理

C. 农业创新创业培训　　　　D. 农产品电商与营销

E. 农业政策与法规　　　　　F. 农产品质量安全

G. 农产品品牌建设　　　　　H. 其他

6. 您希望上课的方式是？

A. 课堂授课＋现场教学　　　B. 课堂授课＋田间指导

C. 远程视频教学与指导　　　D. 其他

五、生产中或管理中存在的问题

1. 您认为自己最大的优势在哪方面（多选）？

A. 没有特别的优势　　　　　B. 销路广，产品不愁卖

C. 人缘好，结识许多同行和专家　D. 愿意尝试新品种、新技术

E. 注重产品品牌建设　　　　F. 技术好，种出来的产品品质好

G. 其他

2. 在农业生产中，您最大的困难是什么（多选）？

A. 没有特别的困难　　　　　B. 产品销路不好

C. 生产资金不够　　　　　　D. 管理跟不上，生产人手不够

E. 技术跟不上　　　　　　　F. 当地农业基础设施差

G. 当地交通不方便　　　　　H. 其他

3. 您对农民能力提升还有什么建议？

问卷调查结束，再次谢谢您的大力支持

附录C　高素质农民培训效果与需求问卷调查

调查班别：_____　　　　　调查地点：_____

尊敬的学员您好！

　　受教育部委托，华南农业大学承担了《新型职业农民培育机制创新》课题研究，为了完成这项研究，需对高素质农民培训效果与需要进行调查，现特邀请您参加问卷调研。请您花2分钟回答以下问题，您只需在认为合适的选项上打"√"，如果选"其他"项，请补充符合您实际情况的内容。谢谢您的大力支持！

华南农业大学经济管理学院

一、基本情况

1. 您的年龄？

　　A. 25 岁以下　　B. 25～30 岁　　C. 31～35 岁　　D. 36～40 岁

　　E. 41～45 岁　　F. 46～50 岁　　G. 51～55 岁　　H. 56 岁以上

2. 您的性别？

　　A. 男　　　　　　B. 女

3. 您的文化程度？

　　A. 小学及以下　　B. 初中　　　　C. 中专　　　　D. 高中

　　E. 大专　　　　　F. 本科　　　　G. 研究生及以上

4. 您的身份（可多选）？

　　A. 普通农户　　　　　　　　　B. 种养大户

　　C. 家庭农场负责人　　　　　　D. 村镇干部或公务员

　　E. 农业协会或合作社骨干　　　F. 涉农企业负责人

　　G. 涉农管理部门人员

　　H. 农业（生产、销售、运输等）服务能手

    I. 农技推广人员   J. 返乡创业人员

    K. 已持证农业职业经理人   L. 大学生村官

    M. 其他_____

5. 您生产或经营的农产品有（可多选）?

    A. 粮食作物   B. 蔬菜、瓜果类

    C. 其他农作物类   D. 家畜类

    E. 家禽类   F. 水产类

    G. 休闲（观光）农业类   H. 其他_____

6. 您从事该行业或职业的工作年限?

    A. 1 年及以下   B. 2～3 年   C. 4～5 年   D. 6～7 年

    E. 8～10 年   F. 11～15 年   G. 16～20 年   H. 20 年以上

7. 您的主要收入来源是?

    A. 农业收入占大头

    B. 打工等非农收入占大头

    C. 农业收入和非农收入都是主要来源

    D. 其他来源_____

8. 您家庭的年收入?

    A. 5 万以下   B. 5 万～10 万

    C. 10 万～20 万   D. 20 万～30 万

    E. 30 万～40 万   F. 40 万～50 万

    G. 50 万～60 万   H. 60 万～70 万

    I. 70 万～80 万   J. 80 万以上

二、培训评价

9. 包括本次在内，您参加过几次与农业相关的培训?

    A. 1 次   B. 2 次   C. 3 次   D. 4 次

    E. 5 次及以上

10. 包括本次在内，您参加培训的原因是（可多选）?

    A. 学习新知识、新技术   B. 结识同行、专家

    C. 了解政策与最新情况   D. 出来学习总是有收获的

    E. 管理部门要求的   F. 其他_____

11. 包括本次在内，您参加过哪些机构提供的培训（可多选）？

  A. 农业高校   B. 职业院校

  C. 农科院/农科所   D. 农民培训基地/学院

  E. 农民田间学校   F. 涉农企业/公司

  G. 协会/专业合作社   H. 其他＿＿＿＿＿＿

12. 包括本次在内，您是通过哪种渠道得到培训消息的（可多选）？

  A. 管理部门发通知报名 B. 看到培训机构宣传自愿报名

  C. 亲朋、好友、同行推荐报名 D. 其他＿＿＿＿＿＿

13. 包括本次在内，您参加过哪种类型的培训班（可多选）？

  A. 高素质农民培训   B. 农业职业经理人培训

  C. 新型农业经营主体负责人培训D. 农技推广人员培训

  E. 基层干部能力提升培训 F. 创新创业培训

  G. 其他＿＿＿＿＿＿

14. 包括本次在内，您参加过的培训时间有几天（可多选）？

  A. 1   B. 2   C. 3   D. 4

  E. 5   F. 6   G. 7   H. 7 天以上

15. 包括本次在内，您参加过的培训方式有哪几种（可多选）？

  A. 课堂授课   B. 现场教学

  C. 田间指导   D. 企业实训

  E. 远程视频教学   F. 其他＿＿＿＿＿＿

16. 包括本次在内，您听过哪些老师的讲课（可多选）？

  A. 农业大学老师   B. 职业院校老师

  C. 培训机构（基地）老师 D. 公司（企业）老板

  E. 农业管理部门领导   F. 同行业优秀者

  G. 其他＿＿＿＿＿＿

17. 请您对本次的培训效果进行评价（单选题，在相应选项打√号）。

（1）对培训内容与方式的评价。

A1. 培训内容与我从事的职业相符合，能学以致用？

  A. 非常不同意 B. 不同意 C. 无所谓   D. 同意

  E. 非常同意

A2. 培训内容是我最想要的，可以弥补我知识的不足？

　　A. 非常不同意　B. 不同意　　　　C. 无所谓　　　　D. 同意

　　E. 非常同意

A3. 培训内容比较新，能帮助我了解当前发展趋势？

　　A. 非常不同意　B. 不同意　　　　C. 无所谓　　　　D. 同意

　　E. 非常同意

A4. 培训内容针对性强，能满足我的需要？

　　A. 非常不同意　B. 不同意　　　　C. 无所谓　　　　D. 同意

　　E. 非常同意

A5. 培训方式灵活多样，比较适合学员学习？

　　A. 非常不同意　B. 不同意　　　　C. 无所谓　　　　D. 同意

　　E. 非常同意

（2）对师资的评价。

B1. 培训师资力量雄厚，有名校教授、专家、企业家？

　　A. 非常不同意　B. 不同意　　　　C. 无所谓　　　　D. 同意

　　E. 非常同意

B2. 老师讲授内容有理论又有案例，贴近生产实际，很实用？

　　A. 非常不同意　B. 不同意　　　　C. 无所谓　　　　D. 同意

　　E. 非常同意

B3. 老师教学经验丰富，善于与学员互动，调动课堂气氛，激发学员的学习

　　热情？

　　A. 非常不同意　B. 不同意　　　　C. 无所谓　　　　D. 同意

　　E. 非常同意

B4. 老师讲课方式多样，语言风趣，通俗易懂？

　　A. 非常不同意　B. 不同意　　　　C. 无所谓　　　　D. 同意

　　E. 非常同意

B5. 培训中，大多数学员注意力集中，没有玩手机等现象？

　　A. 非常不同意　B. 不同意　　　　C. 无所谓　　　　D. 同意

　　E. 非常同意

（3）对组织及服务质量的评价。

C1. 教学设备先进，学习环境舒适？

    A. 非常不同意　B. 不同意　　　C. 无所谓　　　D. 同意

    E. 非常同意

C2. 班级管理规范，有严格的学习纪律要求？

    A. 非常不同意　B. 不同意　　　C. 无所谓　　　D. 同意

    E. 非常同意

C3. 提供的就餐和住宿良好，生活环境方便、舒适？

    A. 非常不同意　B. 不同意　　　C. 无所谓　　　D. 同意

    E. 非常同意

C4. 带班管理人员态度好、服务周到？

    A. 非常不同意　B. 不同意　　　C. 无所谓　　　D. 同意

    E. 非常同意

C5. 提供的教学资料丰富、实用，有保存的价值？

    A. 非常不同意　B. 不同意　　　C. 无所谓　　　D. 同意

    E. 非常同意

C6. 各项教学活动安排合理、组织有序？

    A. 非常不同意　B. 不同意　　　C. 无所谓　　　D. 同意

    E. 非常同意

（4）对培训效果的评价。

D1. 通过培训，开阔了视野，增长了见识？

    A. 非常不同意　B. 不同意　　　C. 无所谓　　　D. 同意

    E. 非常同意

D2. 通过培训，开拓了思维，对工作有了新的认识和想法，能帮助我进一步明确工作思路、努力方向？

    A. 非常不同意　B. 不同意　　　C. 无所谓　　　D. 同意

    E. 非常同意

D3. 通过培训，增强了业务知识和技能的掌握？

    A. 非常不同意　B. 不同意　　　C. 无所谓　　　D. 同意

    E. 非常同意

D4. 通过培训，提升了搞好农业生产或经营管理的信心？

A. 非常不同意 B. 不同意　　　C. 无所谓　　　D. 同意

E. 非常同意

D5. 通过培训，我熟悉了一批农业专家、教授？

A. 非常不同意 B. 不同意　　　C. 无所谓　　　D. 同意

E. 非常同意

D6. 通过培训，我结识了一批同行、朋友？

A. 非常不同意 B. 不同意　　　C. 无所谓　　　D. 同意

E. 非常同意

（5）对培训班影响力的评价。

E1. 我会向亲友、同行分享学习经历和收获？

A. 非常不同意 B. 不同意　　　C. 无所谓　　　D. 同意

E. 非常同意

E2. 我会向亲友、同行推荐，鼓励他们参加培训学习？

A. 非常不同意 B. 不同意　　　C. 无所谓　　　D. 同意

E. 非常同意

E3. 我会积极反馈培训中存在的不足，希望越办越好？

A. 非常不同意 B. 不同意　　　C. 无所谓　　　D. 同意

E. 非常同意

E4. 以后有机会我还想来参加培训学习？

A. 非常不同意 B. 不同意　　　C. 无所谓　　　D. 同意

E. 非常同意

E5. 我会邀请培训班的教授、专家到当地指导？

A. 非常不同意 B. 不同意　　　C. 无所谓　　　D. 同意

E. 非常同意

E6. 我会和培训班学员保持联络，共同探讨和切磋？

A. 非常不同意 B. 不同意　　　C. 无所谓　　　D. 同意

E. 非常同意

三、培训需求和建议

18. 本次培训结束后，您还会参加培训吗？

A. 会参加，每次都有新收获　　　B. 不想参加了，收获不大

  C. 看需要再定　　　　　　　　D. 其他_____

19. 如果再次参加培训，您希望到哪里参加培训（可多选）？

  A. 到农业高校　　　　　　　　B. 在本地培训机构

  C. 到农业比较发达的地区　　　　D. 其他_____

20. 如果有机会到农业高校参加培训，您希望到以下哪所学校参加培训（可多选）？

  A. 华南农业大学　　　　　　　　B. 广东海洋大学

  C. 仲恺农业工程学院　　　　　　D. 佛山科学技术学院

  E. 广东科贸职业学院　　　　　　F. 其他_____

21. 如果有机会到农业发达地区参加培训，你希望到哪里参加培训（可多选）？

  A. 省内珠三角地区　　　　　　　B. 上海、江浙等长三角地区

  C. 山东等北方地区　　　　　　　D. 其他_____

22. 您希望参加培训的方式是（可多选）？

  A. 课堂授课＋现场教学　　　　　B. 课堂授课＋田间指导

  C. 课堂授课＋企业实训　　　　　D. 远程视频教学与指导

  E. 其他_____

23. 您希望参加以下哪些专题的培训（可多选）？

  A. 农业生产或加工技术　　　　　B. 农产品电商与营销

  C. 农产品品牌建设与管理　　　　D. 农业企业经营管理

  E. 农业企业涉外经营管理　　　　F. 人力资源管理

  G. 农产品质量安全　　　　　　　H. 农业政策与形势

  I. 创新创业　　　　　　　　　　J. 其他_____

24. 对于您需要的培训专题，您希望怎样安排（单选）？

  A. 综合安排，培训时间5～7天

  B. 一次安排一个专题，培训时间3天

  C. 一次安排2～3个专题，培训时间7～10天

  D. 以上都可以

  E. 其他_____

25. 对于培训老师，您有哪些要求（可多选）？

A. 希望多些大学专家、教授，他们掌握了最新的知识和理论

B. 希望多些企业家，他们有丰富的实战经验和技术

C. 希望多些相关部门的领导，他们对政策和实际情况最了解

D. 没有特别的要求

E. 其他要求 _____

26. 对于培训服务，您有哪些要求（可多选）?

A. 希望增加学员互动、学习讨论环节，以增强互相的了解以及对学习内容的掌握

B. 希望培训结束后能提供跟踪回访、服务，与学校、老师保持长期的联系

C. 希望当地农业管理部门聘请专家和技术员当导师，实行导师指导制

D. 希望学校建立学员微信服务平台，方便学员、老师进一步交流学习

E. 没有特别的要求

F. 其他要求_____

27. 您对本次培训是否还有其他建议?

问卷调查结束，再次谢谢您的大力支持

参考文献 REFERENCES

蔡秀珍，朱启臻，2007. 论职业农民培养的意义及途径 [J]，教育与职业（27）：160 - 161.

曹月，2021. 广东大力推动"粤菜师傅"标准体系建设 [EB/OL]. http://news.ycwb. com/2021 - 04/10/content_1587386. htm. 2021 - 11 - 18.

陈健鹏，2019. 清远全国首创"乡村新闻官" [N]. 南方杂志，06 - 06.

陈俊江，睦海霞，2017. "互联网＋"现代农业发展策略——以成都为例 [J]. 开放导报 （5）：44 - 48.

陈美标，温竹兰，管纪保，等，2017. 梅州农业标准化战役叩开专业服务大门 [N/ OL]. 中新网广东，2017 - 05 - 28. http://www. gd. chinanews. com/2017/2017 - 05 - 28/2/384428. shtml?from＝timeline&isappinstalled＝0.

陈伟赞，黄楚芳，2019. 广东："粤菜师傅"工程助推精准脱贫 [J]. 中国报道（6）：96.

陈锡文，2013. 发展家庭农场不能硬赶农民走 [J]. 农产品市场（24）：29.

陈晓华，2014. 大力培育新型农业经营主体——在中国农业经济学会年会上的致辞 [J]. 农业经济问题，35（1）：4 - 7.

程玮，2016. 大学生就业能力理论模型与研究工具的开发——基于 150 家企业和 7 所高校本科生实证分析 [J]. 高教探索（5）：78 - 84，89.

崔小远，2021. 花都：推动技能提升 培育"广东技工""花都工匠" [EB/OL]. http:// www. xxsb. com/content/2021 - 04/29/content_147545. html，04 - 29.

代兴梅，张艳，刘彦博，2019. 乡村振兴背景下构建农科生基层就业长效机制的研究 [J]. 农业经济（12）：105 - 107.

邓洪庚，2017. 农业职业经理人培育实践与对策探讨 [J]. 基层农技推广（12）：115 - 116.

邓潇丽，2020. 从发展传播学视角看清远乡村新闻官实践 [J]. 青年记者（8）：52 - 53.

邓雪霏，卢博宇，徐子荐，2020. 黑龙江省小农户融入现代农业发展的实践样态与转型路径探索 [J]. 农业经济（5）：12 - 14.

董杰，张社梅，2015. 农业职业经理人发展现状、面临的问题及对策分析——基于崇州

市的调查 [J]. 粮食科技与研究 (2)：24－27.

杜志雄，2015. "新农人"引领中国农业转型的功能值得重视 [J]. 世界农业 (9)：248－250.

方蕾，2015. 农业院校大学生农村就业的 SWOT 研究 [J]. 江苏农业科学，43 (2)：447－451.

冯娜娜，连智华，龙堂展，2019. 经济新常态下青年就业力评价指标构建研究 [J]. 技术经济与管理研究 (2)：14－19.

付景远，2005. 破解"职业农民建设难"的对策研究 [J]. 农业经济 (12)：6－8.

付伟，2019. "乡村新闻官"，我给我的家乡代言 [N]. 农民日报，06－17.

高明，武昀寰，邱楠，2018. 乡村振兴战略下农村人才培养：国际经验视角 [J]. 世界农业 (8)：176－182.

高强，刘同山，孔祥智，2013. 家庭农场的制度解析：特征、发生机制与效应 [J]. 经济学家 (6)：48－56.

耿献辉，刘志民，2013. 农民学习能力对生产经营绩效的影响——基于山东省大蒜主产区 272 个农户调查数据的实证研究 [J]. 南京农业大学学报（社会科学版），13 (6)：27－32，40.

苟建华，2007. 基于小农户组织化的农产品供应链优化探究 [J]. 当代经济 (11)：56－57.

谷小勇，2005. 主要发达国家农民职业教育发展的经验及启示 [J]. 世界农业 (8)：10.

郭庆海，2013. 新型农业经营主体功能定位及成长的制度供给 [J]. 中国农村经济 (4)：4－11.

郭庆海，2018. 小农户：属性、类型、经营状态及其与现代农业衔接 [J]. 农业经济问题 (6)：25－27.

郭晓茹，许文兴，2015. 国外高素质农民培训的经验及启示 [N]. 吉林工程技术师范学院学报 (5)：46－48.

郭艳平，谭莹，2016. 新农人成长的影响因素及政策路径 [J]. 农业经济 (4)：68－69.

郭智奇，齐国，2012. 培育高素质农民问题的研究 [J]. 中国职业技术教育 (15)：8.

韩长赋，2019. 坚持农业农村优先发展　大力实施乡村振兴战略 [J]. 农业工程技术，39 (8)：1－3.

韩丽，2018. 自我决定理论视角下高校读者阅读意愿影响因素探究 [J]. 图书情报工作，62 (14)：22－28.

韩天琪，2019. 新农科：新在"农"，也新在"科" [N]. 中国科学报，08－13.

韩文龙，谢璐，2017．农业职业经理人市场的形成机制与工资合约——基于崇州市农业"共营制"的现实观察［J］．财经科学（6）：58－69．

何安明，惠秋平，刘华山，2015．大学生社会支持与孤独感的关系：感恩的中介作用［J］．中国临床心理学杂志，23（1）：150－153．

何锡辉，2018．乡村振兴的突破口——农村基层党组织领导核心地位的确立及实现［J］．理论研究（3）：54－60，80．

何颖思，2021．非遗技艺与就业技能相结合，广绣技艺公益课堂走进镇街［EB/OL］．https://baijiahao.baidu.com/s?id=1708066823634544909&wfr=spider&for=pc．08－14．

赫贵怀，2019．高校引导毕业生基层就业的重要意义研究［J］．开封教育学院学报，39（10）：128－129．

侯铁铭，2016．中国农业转型期的人力资源缺失问题及国际经验借鉴研究［J］．世界农业（1）：205－208．

胡文华，万一，2010．韩日农村教育实践对我国农村人力资源开发的启示［J］．中国农垦（4）：66－68．

胡焱，王伯达，2017．高素质农民培育困境及对策研究［J］．理论月刊（8）：148－152．

胡永万，郭艳青，杨甜，朱莹，2019．加快培育高素质农民带动小农户共同发展［J］．农村工作通讯（13）：46－48．

黄河啸，李宝值，朱奇彪，杨良山，吴敬华，2020．高素质农民培育的浙江实践——以浙江农艺师学院为例［J］．浙江农业学报（10）：1890－1898．

黄建平，2017．新时期对农广播节目如何让农民"买账"——以河北廊坊地区对农广播为例［J］．中国广播电视学刊（11）：114－116．

黄健琴，2018．清远乡村新闻官首期培训班开讲［N］．南方杂志，10－16．

黄胜忠，张海洋，2014．农民专业合作社理事长胜任特征及其绩效的实证分析［J］．经济与管理，28（5）：68－73．

黄勋敬，龙静，2011．基于胜任力的人力资源管理体系创新［J］．中国行政管理（4）：73－76．

黄祖辉，俞宁，2010．新型农业经营主体：现状、约束与发展思路——以浙江省为例的分析［J］．中国农村经济（10）：16－26，56．

江宜航，2015．解码四川崇州"农业共营制"［N］．中国经济时报，02－06．

姜长云，2018．促进小农户和现代农业发展有机衔接是篇大文章［J］．中国发展观察（Z1）．

蒋承，李笑秋，2015．政策感知与大学生基层就业——基于"三元交互理论"的视角

［J］．北京大学教育评论，13（2）：47－56，188－189．

孔祥智，毛飞，2013．农业现代化的内涵、主体及推进策略分析［J］．农业经济与管理（2）：9－15．

劳伦斯·克雷曼，2001．人力资源管理——企业获得竞争优势的工具［M］．北京：机械工业出版社：9－12．

雷胜，2019．清远"乡村新闻官"的设置和运行探讨［J］．清远职业技术学院学报，12（6）：29－32．

黎东升，曾令香，查金祥，2000．我国家庭农场发展的现状与对策［J］．福建农业大学学报（社会科学版）（3）：5－8．

李宝值，米松华，杨良山，黄河啸，朱奇彪，2018．职业农民培训绩效评估研究述评［J］．浙江农业学报，30（1）：167－175．

李道亮，2015．城乡一体化发展的思维方式变革——论现代城市经济中的智慧农业［J］．人民论坛·学术前沿（17）：39－47．

李国祥，杨正周，2013．美国培养高素质农民政策及启示［J］．农业经济问题（5）：93－97．

李红，2008．日本农民职业化教育对策分析及启示［J］．中国农业教育（2）：15．

李继刚，2017．"农户＋家庭农场"的农业经营模式创新——农户家庭经营农业体系的建构［J］．天津师范大学学报（社会科学版）（3）：75－80．

李霖，郭红东，2014．小农户集体行动研究文献综述——基于市场准入视角［J］．中国农村观察（6）：82－89．

刘凤英，2010．基于学习型组织理论的高校教师培训与开发体系研究［D］．南京：南京理工大学．

刘奉越，陈科，2018．利益相关者视角下高素质农民培育研究［J］．职教论坛（5）：89－93．

刘可，齐振宏，黄炜虹，叶孙红，2019．资本禀赋异质性对农户生态生产行为的影响研究——基于水平和结构的双重视角分析［J］．中国人口·资源与环境，29（2）：87－96．

刘启明，2014．家庭农场内涵的演变与政策思考［J］．中国农业大学学报（社会科学版）（3）：86－94．

刘文勇，张悦，2014．家庭农场的学术论争［J］．改革（1）：103－108．

刘西涛，2016．现代农业视角下高素质农民培育：现实困境与制度设计［J］．职业技术教育，37（13）60－64．

刘相明，张恩生，李辉，2006．大学生求职择业指导［M］．济南：山东大学出版社．

刘运梓，2006. 比较农业经济概论：中外农业经济理论与政策的比较研究［M］. 北京：中国农业出版社：23 - 25.

陆泉志，陈明伟，王邕，莫良玉，2019. 满意度视域下广西现代青年农场主培训绩效研究［J］. 中国农业教育（1）：51 - 59.

罗必良，2020. 小农经营、功能转换与策略选择———兼论小农户与现代农业融合发展的"第三条道路"［J］. 农业经济问题（1）：29 - 47.

罗家为，谈慧娟，2018. 乡村振兴背景下现代农业经营体系的变迁与建构［J］. 福建行政学院报（4）：100 - 109.

马宝成，2018. 加强基层民主监督重塑乡村政治生态［J］. 国家治理（11）：33 - 43.

马克思，恩格斯，1972. 马克思恩格斯选集：第 1 卷［M］//中共中央马克思恩格斯列宁斯大林著作编译局，译. 北京：人民出版社：25 - 45.

马明，梁智慧，闵海燕，2018. 高素质农民培育问题思考［J］. 农业经济（8）：70 - 71.

马晓琳，2018. 就业力理论及结构维度的发展历程浅析［J］. 中共济南市委党校学报（4）：66 - 70.

门振生，宋菲，李俊龙，2015. 农科院校开展大学生领导力教育的策略探析［J］. 中国农业教育（1）：38 - 41.

孟秋菊，徐晓宗，2021. 小农户衔接现代农业发展的内涵研究［J］. 重庆社会科学（1）：23 - 37.

牛耀红，2017. 新农人与农业技术传播体系整合研究［J］. 哈尔滨工业大学学报（社会科学版），19（4）：56 - 61.

农业部农村经济体制与经营管理司课题组，张红宇，2016. 农业供给侧结构性改革背景下的新农人发展调查［J］. 中国农村经济（4）：2 - 11.

彭超，2021. 高素质农民培育政策的演变、效果与完善思路［J］. 教育探索（1）：22 - 30.

恰亚诺夫，萧正洪，1996. 农民经济组织［M］. 北京：中央编译出版社：6 - 9.

钱克明，彭廷军，2013. 关于现代农业经营主体的调研报告［J］. 农业经济问题（6）：4 - 7.

乔金亮，2020. 打造一支高素质农民队伍［N］. 经济日报，06 - 12（003）.

邱显平，2001. 构建经理市场体系的思考［J］. 江西社会科学（1）：33 - 34.

曲建勋，2005. 农民的产生及其发展对策［J］. 职业时空（18）：20 - 21，70.

屈锡华，王红波，李宏伟，2015. 高素质农民形成与发展的条件———基于国际经验的总结［J］. 北京农业（15）：316 - 318.

人民资讯，2021. 文旅产业"广东技工"乡村人才振兴的鼎龙模式［EB/OL］. https://baijiahao. baidu. com/s?id＝1708335443435810651&wfr＝spider&for＝pc. 08－07.

阮文彪，2019. 小农户和现代农业发展有机衔接——经验证据、突出矛盾与路径选择［J］. 中国农村经济（1）：15－32.

沈红梅，霍有光，张国献，2014. 高素质农民培育机制研究——基于农业现代化视阈［J］. 现代经济探讨（1）：65－69.

施新明，2016. 四川崇州市"农业共营制"的经验及启示［N］. 银川日报，07－01.

舒尔茨，1999. 改造传统农业［M］. 梁小民. 译. 北京：商务印书馆：78－82.

宋佳萌，范会勇，2013. 社会支持与主观幸福感关系的元分析［J］. 心理科学进展，21（8）：1357－1370.

宋建平，2019. 推动小农户与现代农业衔接的理论与政策分析［J］. 生产力研究（10）：53－60.

苏倩倩，2019. 基于自我决定理论的阅读激励策略分析［J］. 编辑之友（1）：31－35.

孙红霞，孙梁，李美青，2010. 农民创业研究前沿探析与我国转型时期研究框架构建［J］. 外国经济与管理，32（6）：31－37.

田曦，包佳怡，孙翠翠，2018. 农业院校大学生就业涉农意愿研究——以培养"一懂两爱"人才为目标导向［J］. 中国农业教育（5）：77－82，96.

童洁，李宏伟，屈锡华，2015. 我国高素质农民培育的方向与支持体系构建［J］. 财经问题研究（4）：91－99.

万俊毅，2009. "公司＋农户"的组织制度变迁——诱致抑或强制［J］. 改革（1）：91－96.

万俊毅，2014. 农牧企业转型已在路上［J］. 广东饲料（12）：7－11.

汪向东，2014. "新农人"与新农人现象［J］. 新农业（2）：18－20.

王凤羽，姚茂华，孙伟，2020. 高素质农民培育：重庆实践范式与提升建议［N］，中国社会科学报，12－15（010）.

王甫园，许春晓，王开泳，2019. 旅游者的目的地契合的概念与测量［J］. 资源科学，41（3）：441－453.

王管，章雪，2017. 基于 SWOT 理论下贫困大学生就业力提升现实审思与路径选择［J］. 淮阴师范学院学报（自然科学版），16（3）：258－262.

王丽，2018. 智慧农业背景下农业全产业链发展路径探索［J］. 农业经济（4）：6－8.

王丽萍，尹卿，2018. 职业农民培育研究文献综述［J］. 农村经济与科技，29（13）：49－52.

王巧玉，李志红，2017. 在校大学生基层就业意愿影响因素研究——基于对北京市在校大学生的调查［J］. 科技促进发展，13（12）：994-999.

王松磊，2016. 新型城镇化背景下基层社会治理创新研究［J］. 山西农业大学学报（社会科学版），15（8）：551-556.

王文龙，2015. 中国美丽乡村建设的动力整合及其制度创新［J］. 现代经济探讨（12）：53-57.

王秀华，2012. 高素质农民教育管理探索［J］. 管理世界（4）：179-180.

王亚华，舒全峰，2018. 中国乡村干部的公共服务动机：定量测度与影响因素［J］. 管理世界，34（2）：93-102，187-188.

王亚萍，包昆锦，张社梅，2017. 成都地区农业职业经理人从业动机的研究［J］. 浙江农业科学（11）：2075-2079，2083.

王越，2021. 广东完善标准体系助力"南粤家政"高质量发展［EB/OL］. https://baijiahao. baidu. com/s?id=1715200255238321654&wfr=spider&for=pc. 11-01.

温涛，陈一明，2021. "互联网+"时代的高素质农民培育［J］. 理论探索（1）：12-21.

吴帆，李建民，2012. 家庭发展能力建设的政策路径分析［J］. 人口研究，36（4）：37-44.

肖水源，1994. 《社会支持评定量表》的理论基础与研究应用［J］. 临床精神医学杂志（2）：98-100.

肖文舸，2021. 广东推进"粤菜师傅"工程高质量发展，目标 2025 年带动超 60 万人就业创业［EB/OL］. https://news. southcn. com/node_54a44f01a2/4adb9c4be4. shtml. 11-18.

肖小虹，王婷婷，王超，2019. 中华人民共和国成立 70 年来农业政策的演变轨迹——基于 1949—2019 年中国农业政策的量化分析［J］. 世界农业（8）：33-48.

谢艳华，2019. "互联网+"背景下新农人成长的瓶颈及化解［J］. 农业经济（5）：51-52.

徐辉，2016. 新常态下高素质农民培育机理：一个理论分析框架［J］. 农业经济问题（8）：9-15.

徐金海，蒋乃华，胡其琛，2014. 新型农民培训工程实施绩效评估研究——基于江苏省的实证［J］. 农业经济问题，35（10）：46-54，110-111.

徐向明，尤伟忠，时忠明，等，2015. 创建合作联盟培养高素质农民的探索与实践［J］. 中国职业技术教育（17）：92-95，112.

徐旭初，吴彬，2018. 合作社是小农户和现代农业发展有机衔接的理想载体吗［J］. 中国农村经济（11）：80-93.

许浩，2012. 培育高素质农民：路径与举措［J］. 中国远程教育（11）：70-73.

许萌萌，2021. 广东第一届"南粤家政"技能大赛总决赛新闻发布会［EB/OL］.
　　https://gdio. southcn. com/node_5201f00af5/6332c62092. shtml. 11-12.

许喜文，贾兵强，向安强，等，2009. 国外农民培养历史经验与特点［J］. 广东农业科
　　学（6）：239-244.

闫静，2018. 基于社会支持理论的公共育儿支持体系构建初探［J］. 滁州学院学报，20
　　（3）：121-124.

严金明，2019. 高素质农民和传统农户有何不同［EB/OL］. 学习强国 APP，04-03.

颜爱民，赵浩，2017. 基于"好干部"标准的乡镇领导干部胜任特征模型实证研究［J］.
　　领导科学（29）：20-23.

颜廷武，张露，张俊飚，2017. 对高素质农民培育的探索与思考——基于武汉市东西湖
　　区的调查［N］. 华中农业大学学报（3）：35-41.

杨怀祥，2012. 试析大学生就业的社会支持网络［J］. 黑龙江高教研究，30（12）：
　　87-89.

杨艳丽，李丽，李冰，2018. 乡村振兴战略下高素质农民从业素质提升研究［J］. 成人
　　教育，38（2）：67-70.

杨宗，熊凤水，2018. 专业大户培育研究［J］. 湖北经济学院学报（人文社科版），15
　　（4）：31-33.

叶俊焘，米松华，2014. 高素质农民培育的理论阐释、他国经验与创新路径——基于农
　　民现代化视角［J］. 江西社会科学，34（4）：199-204.

尹德法，2013. 基于胜任力模型的人力资源管理研究［J］. 山东社会科学（6）：
　　187-189.

于金富，2017. 我国农业经营主体的历史演变与发展方向［J］. 经济纵横（6）：82-87.

于珊，2017. 经济新常态下我国政府优化大学生就业环境研究［D］. 长春：长春工业
　　大学.

袁华根，丁丽军，蒋平，等，2021. 高素质农民培育的"三能四模块"模式构建［J］.
　　职教通讯（3）：83-89.

苑鹏，2008. 改革以来农村合作经济组织的发展［J］. 经济研究参考（31）：20-22.

曾亿武，郭红东，2016. 农产品淘宝村形成机理：一个多案例研究［J］. 农业经济问题，
　　37（4）：39-48，111.

张波，申鹏，2019. 我国高素质农民群体研究回顾与展望：一个文献综述［J］. 理论月

刊（7）：131-138.

张华，2020. 首届"南粤家政"医疗护理员培训班结业，她们学了什么［EB/OL］.
https://baijiahao.baidu.com/s?id=1685028091241084362&wfr=spider&for=pc. 12-03.

张立国，李芳，2018. 我国高素质农民培育研究的热点表征和进程预判——基于CNKI
的量化考察［J］. 现代教育管理（9）：80-87.

张胜军，李翠珍，2016. 构建高素质农民培训多中心治理模式探析［J］. 职教论坛（9）：
57-59，63.

张曦文，2019. 实现传统农民向高素质农民转变——第二届全国农民教育培训发展论坛
见闻［N］. 中国财经报，11-14.

张雪占，2018. 基于流通视角的新农人培育路径探究［J］. 农业经济（4）：73-74.

张银，李燕萍，2010. 农民人力资本、农民学习及其绩效实证研究［J］. 管理世界（2）：
1-9.

张照新，赵海，2013. 新型农业经营主体的困境摆脱及其体制机制创新［J］. 改革（2）：
78-87.

赵强社，2009. 职业农民培育路径探微理论导刊［J］. 理论导论（3）：56-58.

赵曙明，2012. 员工素质、协作性、积极性与绩效的关系：三种资本整合的视角［J］.
管理世界（10）：178-179.

赵永红，2020. 高素质农民培育：农民田间学校模式探讨［J］. 农业经济（11）：89-90.

郑可，王雨林，卢毅，向雯茜，2019. 基于扎根理论的新农人创业认知特征识别［J］.
科学学研究，37（12）：2222-2230.

郑晓明，2002. "就业能力"论［J］. 中国青年政治学院学报（3）：91-92.

郑兴明，曾宪禄，2015. 农科类大学生能成为高素质农民的主力军吗——基于大学生农
村基层服务意愿的实证分析［J］. 华中农业大学学报（社会科学版）（5）：97-102.

周稽裘，2012. 再建农村教育的伟大工程［J］. 中国职业技术教育（4）：18-22.

周菁华，谢洲，2012. 农民创业能力及其与创业绩效的关系研究——基于重庆市366个
创业农民的调查数据［J］. 农业技术经济（5）：121-126.

周小刚，李丽清，2013. 面向新生代农民工培训满意度改进决策的结构方程模型研究
［J］. 中国社会科学院研究生院学报（4）：37-42.

周小梅，范鸿飞，2017. 区域声誉可激励农产品质量安全水平提升吗——基于浙江省丽
水区域品牌案例的研究［J］. 农业经济问题，38（4）：85-92，112.

周一波，储健，2012. 培养高素质农民的途径及政策保障［J］. 江苏农业科学，40
（12）：403-405.

朱进华，2015. 把握新常态发展机遇 推进农业转型升级 [J]. 江苏农村经济（2）：24-26.

朱力，2016. 未来几年我国重大社会矛盾的走势——基于219位基层党政一把手的经验判断 [J]. 江苏社会科学（6）：72-81.

朱启臻，胡方萌，2016. 高素质农民生成环境的几个问题 [J]. 中国农村经济（10）：61-69.

朱启臻，闻静超，2012. 论高素质农民及其培养 [J]. 农业工程（3）：1-2.

朱伟良，2021. 广州发布"粤菜师傅"工程实施方案 支持"粤菜师傅"回乡办农家乐 [EB/OL]. http://www. tech-food. com/news/detail/n1411620. htm. 11-18.

朱文华，2020. 赋予本土故事多重视角和全景叙事——清远"乡村新闻官"的探索创新 [J]. 南方传媒研究（6）：84-88.

朱学新，2006. 家庭农场是苏南农业集约化经营的现实选择 [J]. 农业经济问题（12）：39-42，80.

卓炯，杜彦坤，2017. 我国高素质农民培育的途径、问题与改进 [J]. 高等农业教育（1）：115-119.

Bakcker. G. S, 1997. Human Capital and the personal distribution of income：An analytical [M]. Woytinsky Lecture No. 1 Institute of Public Administration and Arbors. University of Michigan.

Baldwin T T，Ford J K，1988. Transfer of training：A review and directions for future research [J]. Personnel Psychology，41（1）：63-105.

Blumenthal J A，Burg M M，Barefoot J，Williams R B，Haney T，Zimet G，1987. Social support，type a behavior，and coronary artery disease [J]. Psychosomatic Medicine，49（4）：331-340.

Caplan R D，Cobb S. French J R，1975. Relationships of cessation of smoking with job stress，personality，and social support [J]. Journal of Applied Psychology，60（2）：211-219.

Claes Fornell，David F. Larcker，1981. Structural equation models with unobservable variables and measurement error：Algebra and statistics [J]. Journal of Marketing Research，18（3）：382-388.

Cohen，S. ，Wills，T. A，1985. Stress，social support，and the buffering hypothesis [J]. Psychological Bulletin，98（2）：310-356.

Denise Jackson，2013. Business graduate employability：Where are we going wrong [J].

Higher Education Research and Development, 32 (5): 776 - 790.

Hirschi A, 2009. Career adaptability development in adolescence: Multiple predictors and effect on sense of power and life satisfaction [J]. Journal of Vocational Behavior, 74 (2): 145 - 155.

Holtom E F, 1996. The flawed four - level evaluation model [J]. Human Resource Development Quarterly, 7 (1): 5 - 21.

Jon P. Briscoe, Stephanie C. Henagan, James P. Burton, Wendy M. Murphy, 2012. Coping with an insecure employment environment: The differing roles of protean and boundaryless career orientations [J]. Journal of Vocational Behavior, 80 (2): 308 - 316.

Magner N, Welker R B, Campbell T L, 1996. Testing a model of cognitive budgetary participation processes in latent variable structural equation framework [J]. Accounting and Business Research, 27 (1): 41 - 50.

Matthew S. Eastin, Robert LaRose, 2004. Alt. support: Modeling social support online [J]. Computers in Human Behavior, 21 (6): 977 - 992.

McClelland D C, 1973. Testing for competence rather than for "intelligence" [J]. American Psychologist, 28 (1): 1 - 14.

Oh HJ, Lauckner C, Boehmer J, Fewins - Bliss R, Li K, 2013. Facebooking for health: An examination into the solicitation and effects of health - related social support on social networking sites [J]. Computers in Human Behavior, 29: 2072 - 2080.

Peng D X, Lai F, 2012. Using partial least squares in operations management research: A practical guideline and summary of past research [J]. Journal of Operations Management, 30 (6): 467 - 480.

Zhongming W, Ying F, 2015. Social support, social comparison, and career adaptability: A moderated mediation model [J]. Social Behavior and Personality: An International Journal, 43 (4): 649 - 659.

后 记 POSTSCRIPT

　　中国是一个农业大国，农村富则国家富，农村美则国家美，一直以来，党和政府高度重视"三农"问题，2017年党的十九大提出实施乡村振兴战略，要实现农业农村现代化。乡村振兴关键在于人的振兴，提高农民的科技素质和能力，是实施乡村振兴的必由之路。课题组主要成员多年持续关注农民素质培养问题，2017年起始躬耕于高素质农民的培养中，承接的农民和基层干部培训人数达2 700余人。

　　荣幸之至，笔者于2018年获教育部教育科学一般规划项目立项——"新型职业农民培养机制创新研究"（项目编号：BIA180215）。2019年项目正式开始实施，先后组织课题组成员、在校学生到各地农民培训班调研；多次前往农村地区进行入户访谈；累计调研揭西、肇庆、清远等地百村村"两委"干部、超1 000家农户；此外，还走访农业高校，调研若干涉农职能部门和多家农业企业，获得了大量丰富的第一手资料，为研究打下了扎实的基础。

　　本书是项目的主要研究成果，在此感谢广东农业农村厅科教处、梅州农业农村局、清远市宣传部融媒体中心、清远市清城区农业农村局、清远市清城区林业局、南雄市油田镇政府、清远市人才驿站、梅州市新农人驿站、佛山市三水区乐坪镇人才驿站等，以及曲江、河源、清远、梅州、连州、连南、黔南州等地高素质农民培训班工作人员为调研提供的帮助。

　　感谢参与组织调研的李就好教授、罗军书记、廖一玲老师、陈东明老师；感谢参与调研和数据整理的硕士生尹卿、李佳翰、曾揭锋、林乐坚、范伟坚、陆勇、李秉晟、王浩、李帆行等同学。

　　感谢参加课题开题、中期考核、成果公开报告的专家教授，他们为课题研究的顺利开展提出了许多宝贵的意见与指导；感谢学院科研秘书董晓玲老师，为课题研究提供了极大的帮助，感谢所有在调研和课题研究中提供帮助的老师、同学、朋友和同行；感谢课题组所有研究成员的共同努力。

　　本书的具体分工是：王丽萍负责策划全书、并组织调研、数据分析，主要撰写第1、2、5、6、7、10章，负责全书的统稿；张日新负责课题的技术路线设计和全书审定；曾祥龙负责调研问卷设计、组织调研、数据分析，主要撰写第4、8、9章，并参与第2、5章撰写；方婧负责调研问卷设计、组织调研、数据分析，主要撰写第3章，并参与第4、5章撰写；陈旺南负责组织调研，陈旺南、刘春桃参与第7章撰写；贾雪迎、胡冰、罗婵，参与第5章撰写；苗媛参与第6章撰写。由于知识水平和能力有限，调研范围主要在广东，书中难免存在不足之处，敬请读者批评指正。

　　本书的最终完稿得到本书作者家人的理解与支持，在此一一表示衷心的感谢。感谢评审书稿专家教授、中国农业出版社编辑的辛勤付出。

王丽萍

2024年2月22日于广州

图书在版编目（CIP）数据

高素质农民培育机制创新研究：基于广东的调研 /
王丽萍，张日新著. —北京：中国农业出版社，2024.7
ISBN 978-7-109-30600-4

Ⅰ.①高…　Ⅱ.①王… ②张…　Ⅲ.①农民教育－素
质教育－研究－广东　Ⅳ.①D422.6

中国国家版本馆 CIP 数据核字（2023）第 081433 号

高素质农民培育机制创新研究：基于广东的调研
**GAOSUZHI NONGMIN PEIYU JIZHI CHUANGXIN YANJIU：
JIYU GUANGDONG DE DIAOYAN**

中国农业出版社出版

地址：北京市朝阳区麦子店街 18 号楼
邮编：100125
责任编辑：闫保荣
版式设计：王　晨　　责任校对：张雯婷
印刷：北京中兴印刷有限公司
版次：2024 年 7 月第 1 版
印次：2024 年 7 月北京第 1 次印刷
发行：新华书店北京发行所
开本：700mm×1000mm　1/16
印张：13.75
字数：210 千字
定价：68.00 元